烟台工贸技师学院职业素养培养系列丛书

前厅与客房服务

李 红 衣淑珍 ◎主编

中国书籍出版社
China Book Press

本书编委会

主　　任　张　丛　于元涛
副主任　梁聪敏　李翠祝　孙晓方　王宗湖
　　　　　李广东
委　　员　于　萍　李　红　任晓琴　邓介强
　　　　　路　方　王翠芹
主　　编　李　红　衣淑珍
副主编　宋　丽　邢伟凤

前 言

本书是旅游服务类专业的核心课程系列教材之一，旨在通过该课程的教学，让学生掌握从事酒店前厅与客房服务的工作技能和专业知识、服务技巧，具备接待客人的岗位职业能力，为成功实现就业奠定基础。

本教材力求体现以工作过程为导向，以旅游服务类专业学生应具备的岗位职业能力为依据，遵循学生的认知规律，紧密结合酒店前厅与客房服务工作的程序和技能要求，确定模块项目和课程内容。通过创设酒店前厅与客房服务工作情景，组织学生开展实际操作，倡导学生在做中学，使学生掌握基本操作要领，加深对专业知识技能的理解和应用，培养学生的综合职业能力，满足学生职业生涯发展的需要。

本教材的编写主要围绕项目活动展开。通过任务引领型的项目活动，学生能掌握前厅与客房服务的流程及相关知识，能够出色完成与前厅、客房服务岗位相关的工作任务。

本教材的每一模块任务中，首先提出具体的工作任务，接着分析完成任务所需的相关知识，然后介绍完成任务的步骤，最后让学生进行自我和相互的评价；注重课外项目活动的延伸，内容实用有效；大量的"案例分析"给学生以必要的警示和有益的启迪；"知识链接""应变处理"为学生参加技能大赛夯实了基础。

本书建议教学学时为140学时。具体分配如下表（供参考）：

模块一　前厅服务	60
模块二　客房清扫服务	40
模块三　对客服务	30
模块四　公共区域服务	10

　　本书在编写过程中得到了学校领导和系部老师的支持，并查阅了大量专家学者的相关文献，在此一并表示诚挚感谢。

　　由于编写时间仓促，加之编者水平有限，书中难免存在遗漏或不足，真诚地希望专家、读者批评指正，以便我们再版时进行修改和完善。

编　者

2017 年 5 月

目录 CONTENTS

模块一　前厅服务 1

项目一　预订服务 3
　　任务 1　散客预订服务 3
　　任务 2　团队预订服务 9

项目二　礼宾服务 13
　　任务 1　接机服务 13
　　任务 2　门童迎宾服务 17
　　任务 3　访客服务 20
　　任务 4　门童送客服务 23

项目三　总台接待 26
　　任务 1　入住登记服务 26
　　任务 2　离店结账服务 32

项目四　行李服务 37
　　任务 1　入住行李服务 37
　　任务 2　离店行李服务 41

模块二　客房清扫服务 45

项目一　认识客房产品 47
　　任务 1　客房的类型 47
　　任务 2　客房设备及用品配置 52

项目二　客房清扫的准备工作 57
　　任务 1　客房清扫心理方面的准备 57
　　任务 2　客房清扫前的准备工作 63

项目三　铺床 67
　　任务 1　中式铺床 67

项目四　走客房的清扫 ··· 71
　　任务1　卧室的清扫 ··· 71
　　任务2　卫生间的清扫 ·· 76
项目五　住客房的清扫 ··· 81
　　任务1　住客房的日常清扫 ··· 81
　　任务2　夜床服务 ·· 86

模块三　对客服务 ·· 91

项目一　客人抵店服务 ··· 93
　　任务1　迎客准备 ·· 93
　　任务2　抵店迎接 ·· 96
项目二　客人住店服务 ··· 101
　　任务1　洗衣服务 ·· 101
　　任务2　小酒吧服务 ·· 105
　　任务3　会客服务 ·· 108
　　任务4　特殊情况的处理 ·· 111
项目三　客人离店服务 ··· 116
　　任务1　送客服务 ·· 116
　　任务2　客人遗留物品处理 ··· 119

模块四　公共区域服务 ··· 125

项目一　常见地面材料的清洁保养 ·· 127
　　任务1　清洁器具及清洁剂识别 ··· 127
　　任务2　大理石地面的清洁保养 ··· 135
　　任务3　地毯的清洁保养 ·· 139
项目二　公共区域清洁 ··· 146
　　任务1　大堂的清洁保养 ·· 146
　　任务2　客用卫生间清洁 ·· 150

模块一　前厅服务

饭店前厅，又称总服务台、总台、前台等。它通常是在饭店的大堂，负责推销饭店产品与服务，是组织接待工作、进行业务调度的一个综合性服务部门。前厅是宾客住店的起始点和终结点，是联系宾客的"桥梁与纽带"，是饭店的"神经中枢"，是展示饭店服务与形象的窗口。本模块包括预订服务、礼宾服务、总台接待、行李服务四个项目。

项目一　预订服务

饭店预订处是前厅的组成部分,是调节和控制整个饭店预订、销售的中心,是超前服务于客人的部门。为了选择理想的入住饭店,避免到饭店时客满无房间,或者需要饭店为其提供特殊的住店服务,宾客通常会通过电话、传真、邮件、网络或订房中心等途径与饭店联系,进行预订或咨询。

任务 1　散客预订服务

任务目标

1. 掌握电话预订客房的程序。
2. 能完成散客电话预订客房的服务工作。
3. 掌握客房推销的技巧并能灵活运用。
4. 能按活动要求填写评价表。
5. 能主动学习,善于与他人合作,培养综合能力。

课时安排

6课时

任务描述

宫小姐是北京某公司的销售员,经常到烟台联系业务和接待客户。本次预计3月1日与同事沈小姐出差,在烟台中心大酒店住一晚。2月5日她打电话到酒店预订客房。你应如何做好电话预订服务？

任务分析

此次接待的是经常到烟台出差的客人，这类客人对烟台各大饭店的设备设施和服务水平都有所了解。现在各饭店的硬件设施基本类同，所以能吸引客人的就是饭店的服务和特色了。作为饭店的前台预订员，是第一个与客人打交道的员工，只有用独特细致的服务才能把客人留住。电话预订的特点是方便、快捷，但在预订过程中，由于区域和语言的障碍，电话的清晰度以及受话人的听力等影响，往往容易出现听不清或理解错误，因此预订员必须做好耐心细致的对客服务的心理准备。

任务实施

根据班级人数，将学生分为4~6人一组。以小组为单位认真阅读任务描述，获取信息，进行分析，掌握散客电话预订的程序并能熟练完成对散客电话预订的服务工作。

一、热情问候

电话铃响三声之内必须接起电话，问候对方并自报"家门"，同时向对方表示服务意愿。如：您好，中心大酒店预订处。请问有什么可以帮您的吗？

二、询问宾客的需要

礼貌地询问宾客是否需要订房，以及询问宾客的预订要求，主要涉及以下四个方面：宾客预期抵店日期；宾客对房间类型的要求；宾客所需的房间数量；宾客预期逗留天数。同时在电脑中查看房态表，以便确认饭店是否可以满足宾客的订房需要。如：小姐，请问您要订什么时间的客房？几个人住，住几天？

三、推销客房

向宾客介绍客房的类型并根据宾客的需要推荐客房。介绍房间的价格，根据宾客的需求及特点进行报价，注意报价方式。一般而言，饭店为了增加营业收入，建议预订员尽量选择从高价到低价的顺序推荐。如：您好，宫小姐，我们这里有豪华套房，房间宽大舒服，设施设备先进，入住后可享用免费早餐，每晚980元；有标准套房，每晚680元，同样可以享受免费早餐；还有标准间，每晚480元，每个房间都配有Internet插口。请问您需要哪种类型的客房？

四、发出受理预订的请求

预订员应适时地发出要求客人预订的请求，防止错过最佳的推销时机，如预订员可以说：宫小姐，我现在可以为您做预订吗？

五、询问并记录预订信息

根据饭店预订单的项目，询问宾客并在预订单上记录所有订房信息，包括客人的姓名、入店时间、离店时间、房型、房间数、价格、付款方式、抵达情况、特殊要求、预订人姓名及联系方式、预订员姓名、受理预订日期等。其中包括：

（1）询问宾客的抵达情况，主要是询问宾客乘坐的交通工具及时间，以便需要时饭店提供接机或接车服务，同时是为了向宾客说明订房预留截至时间，或建议宾客做保证类预订。

（2）询问宾客的付款方式，是询问宾客将用何种形式付款，如用现金、支票、信用卡或公司结账等方式。

（3）询问宾客的特殊要求，主要询问宾客对房间位置、布置等方面是否有特别要求，如是否需住无烟客房、女性客房、风景房等，以便饭店根据宾客的具体需要为其提供服务。

（4）询问预订人的相关信息，如联系电话、姓名等，以便能与对方就预订的变更、落实等事项在必要时进行及时沟通。

散客预订单
Reservation Form

No. 预订号

☐ 新预订 New Booking　　☐ 更改 Amendments　　☐ 取消 Cancellation

宾客姓名 Guest Name	房数 No.of Room	房型 Room Type	房价 Room Rate	客人数量 No.of Guests	协议单位名称 Company Name

预计到店日期 Original Arrival Date	预计离店日期 Original Departure	抵达航班/车次 Arrival Flight	离开航班/车次 Departure Flight

付款方式 Payment	☐ 公付　☐ 自付 ☐ 含早　☐ 15%服务费 Surcharge 15%		是否确认 Confirmation	☐ 是 Yes ☐ 否 No

备注/特殊要求 Remarks	☐ 预付款或支票 Deposit　☐ 信用卡 Credit Card　☐ 外账 City Ledger ☐ 加床 Extra Bed　　☐ 婴儿床 Cot　　☐ 双人床 Double Bed ☐ 其他 Others

联系人姓名 Contact Name	联系电话或传真号码 Tel. No. & Fax No.	预订人/经手人 Taken By	预订日期 Date Taken

排房 Room Arrangement

六、核对确认预订内容

就预订过程中确定的信息进行再次确认，如宾客的姓名、预订日期、抵达时间、房间种类及房价和数量、宾客的特殊要求、预订代理人情况、饭店的预订取消政策、饭店的登记时间以及饭店的相关规定说明等。如谢谢您，宫小姐！请允许我向您核对以下内容：您订的是豪华套房，住一晚，每晚980元；3月1日抵店，2日离店，现金结账，您的联系电话是13845663788，对吗？

七、完成预订

感谢对方致电，如：宫小姐，感谢您的预订，我们期待您的光临！并把预订信息输入电脑，将预订单整理归档。

任务评价

电话预订服务评价表

第____组　　组长

评价内容	分值/分	自我评价	小组评价
热情问候	5		
询问宾客需要	10		
推销客房	20		
发出受理预订的请求	20		
询问并记录预订信息	20		
核对确认预订内容	20		
完成预订	5		

同步案例

巧妙推销豪华套房

一天，烟台中心大酒店前厅部预订员小王接到一位台湾客人李先生从上海打来的长途电话，想预订每天收费500元左右的标准间两个，住店时间6天，3天以后来饭店住。小王马上翻阅预订记录，回答客人说3天以后饭店要接待一个大型会议的几百名代表，标准间已全部预订完。讲到这里，小王用商量的口吻继续说道："李先生，您是否可以推迟三天来店？"李先生回答说："我们日程已安排好，烟台是我们的最后一个日程安排，还是请你给想想办法。"

小王想了想说："李先生，感谢您对我的信任，我很乐意为您效劳。我想，您可否先住三天我们饭店的豪华套房？套房是海景房，在房间可眺望到大海的优美景色，室内有中国传统雕刻的红木家具和古玩瓷器摆设。套房每天收费也不过680元，我想您和您的朋友住了一定会满意。"

小王讲到这里，等待李先生回答，对方似乎犹豫不决。小王又说："李先生，我想您不会单纯计较房价的高低，而是在考虑豪华套房是否物有所值吧。请告诉我您和您的朋友乘哪次航班来烟台，我们将派车去机场接你。到店后，我们一定先陪您参观套房，到时您再做决定好吗？我们还可以免费为您提供早餐，我们的服务也是上乘的。"李先生听小王这样讲，倒觉得还不错，想了想，欣然同意先预订三天豪华套房。

案例点评

本案例中，小王在接待客人来电预订房间的整个销售过程中，做得很得体，体现了一名优秀预订员的良好素质。首先，接待热情、礼貌、反应灵活、语言规范，做到了无"NO"服务。同时为客人着想，使客人感到自己受到重视，因而增加了对饭店的信任和好感。其次，小王在销售豪华套房的过程中，严格遵循了"饭店推销的是客房而不是价格"这个原则，避免高价格对客人心理产生的冲击力。

技能训练

学生分组，进行散客电话预订的模拟训练。

情景模拟参考对话

预订员：（接听电话）您好，烟台中心大酒店预订处，请问有什么可以帮您？

客人：你好，我想订一间客房。

预订员：好的，先生，请问您要订什么时间的客房？几个人住，住几天？

客人：5月3日，住两晚，两个人，订一间（实际练习时应该一问一答）。

预订员：先生，您是5月3日抵店，5日离店，住两晚，对吗？

客人：是的

预订员：好的，请稍等。（查看计算机）先生，我们这里有豪华套房，房间宽大舒服，设施设备先进，入住后可享用免费早餐，每晚980元；有标准套房，每晚680元，同样可以享受免费早餐；还有标准间，每晚480元，每个房间都配有Internet插口。先生您需要哪种类型的客房？

客人：嗯，订个标准间就可以了。

预订员：好的，先生。请告诉我您的全名，好吗？

客人：我姓张，叫张军。

预订员：张军先生，您好（重新认识客人，表示对客人姓名的尊重）您是弓长张，军队的军，对吗？

客人：是的。

预订员：请问张先生从哪里过来？是否需要我们接机？

客人：不麻烦了，我们自己打车过去，大约下午四点到饭店。

预订员：好的，张先生，我们给您的房间保留到3日下午6点，您最好于6点前到达，如果您有什么变更，也烦请及时通知我们。或者，我们饭店有保证预订业务，您若付30%的房间费用，我们可以保留房间直到您抵店。

客人：我不方便预付房费，我们会早于下午 6 点到的，没问题。

预订员：请问您将以什么方式结账呢？现金还是信用卡？

客人：现金。

预订员：好的，张先生，请问您的电话？方便我们及时与您取得联系。

客人：我的电话是 1234567。

预订员：谢谢您，张先生！请允许我向您核对以下内容：您订的是标准间，住两晚，每晚 480 元；5 月 3 日抵店，5 日离店，现金结账，您的联系电话是 1234567，对吗？

客人：没问题。

预订员：感谢您的订房，我们期待着您的光临。

客人：不用谢，再见。

预订员：再见。

任务 2 团队预订服务

任务目标

1. 掌握团队预订服务程序。
2. 能完成对团队客人预订的服务工作。
3. 能按活动要求填写评价表。
4. 能主动学习，善于与他人合作，培养综合能力。

课时安排

2 课时

任务描述

4 月 6 日，烟台中心大酒店营销部接到电力公司的预订电话，告知 5 月 15 日要在饭店召开年度会议，会期 3 天，需要订 10 间标准间、5 间商务单间和一个大会议室。请问小王该如何处理？

任务分析

团队预订一般都是由饭店营销部门进行受理，前厅预订处主要是开展团队预订的协调工作。营销部受理团队、会议、重要客人的订房后，将该团队、会议或者重要客人的全部预订资料填入预订单，交前厅预订员，经审核确认后，前厅预订员准确及时地将订房信息纳入前厅预订处订房系统之中。

任务实施

根据班级人数，将学生分为4~6人一组。以小组为单位认真阅读任务描述，获取信息，进行分析，掌握团队预订服务的程序并能熟练完成对团队客人预订的服务工作。

一、接受预订

预订处收到来自营销部的"团队宾客预订单"后，应快速查询各类房间的预订情况，了解可出租房间状态。如果在客人要求的日期内有空房，就应当接受客人的预订。

二、做团队预留房

从营销部获取的预订团队书面资料，上面需有团队所需房间数量、房间类型与标准、价格、住店日期、离店日期、结账方式，以及团队预订的最后截止日期等；将团队预订单输入电脑，按规则为团队编制团队代码，进入计算机系统中的团队预订模块，将订房需求按要求输入电脑，检查无误后按日期存档。

三、做团队确认表

营销部若已经确认该团队宾客确定入住或已收到预付款，预订员则在电脑中输入团队每位宾客的姓名、房价、到达时间等信息。同时，要核对确认以下信息：

1. 团队名称、住客姓名、国籍、身份、人数、抵店日期与时间、抵离交通工具、房间种类及数量，以及用餐类别、标准、时间。
2. 注意付款方式、费用自理项目。
3. 注意团队包价中有关饭店提供的服务和客用品。
4. 注意询问并留下团队代理人的姓名、电话等联系方式。
5. 注意各项特殊安排和要求。

饭店营销部或预订员定期核对即将到达的团队，如有更改，请团队发传真至营销部，务必不能自行更改；核对团队信息后，盖上对团章，写下对团日期、对团人与团队对团人。预订员然后根据团队的信息将资料写于团队食宿安排表上，发给相关部门，以作为接待依据。对于团队订房，饭店一般都要以书面形式进行确认回复。

任务评价

团队预订服务评价表

第_____组　　组长

评价内容		分值/分	自我评价	小组评价
接受预订	与营销部沟通	10		
	查看房间情况	10		
做团队预留房	确定团队订房相关信息	15		
	将订房信息输入电脑并按日期存档	20		
做团队确认表	进行团队宾客信息录入	30		
	将资料写于团队食宿安排表，发给相关部门	15		

同步案例

房间去哪里了？

某企业要召开企业年会，于是在某饭店预订了20间标准间，并预付了这20个标准间的房费，并且在协议中写明，如果在报到当天用房不是20间，可以退回多余房费。然而会议报到时，企业发现到会人员无法正常安排入住，原来饭店只保留了19个标准间。经查发现，当天前台当班的服务员小王在接待一位无预订客人入住时，尽管饭店客满，但为了挽留住客人，便将企业已经预订的20间客房中的一间租给了新来的客人。小王凭经验认为，会议用房订房量一般都会超出实际数量，况且预订单中也注明了实际用房不足20间的处理办法。

案例点评

饭店为了追求较高的住房率，争取获得最大的经济效益，往往实行超额预订。超额预订是订房管理艺术的最高体现，处理得好会提高客房出租率，增加饭店经济效益。但是如果超额预订过度，预订客人在约定的时间到达，而饭店却因为客满无法提供所订房间，必然会引起客人不满，将会给饭店带来很大麻烦，甚至影响声誉。

项目二　礼宾服务

饭店礼宾部是前厅部的重要组成部分，是饭店对客服务的关键部门，也是饭店内最早与客人打交道的部门，同时也是与客人交流最频繁的一个部门，其服务质量直接影响到客人对饭店的评价。

任务 1　接机服务

任务目标

1. 掌握接机服务程序。
2. 能完成对客接机服务工作。
3. 能灵活处理接机服务过程中的突发问题。
4. 能主动推销饭店的产品。
5. 能按活动要求填写评价表。
6. 能主动学习，善于与他人合作，培养综合能力。

课时安排

4 课时

任务描述

上午 9 点，饭店机场代表小王与车队司机按预订单到机场迎接客人。但该航班客人几乎都已经出了接机口，却迟迟不见预订单上标示的客人。小王与前厅部联系，原来该客人的预订已取消，但前厅部忘了通知机场代表。

任务分析

机场代表是代表饭店负责在机场接待客人，对客人进行热烈欢迎并提供各种协助，使客人对饭店留下良好的第一印象。接机前要充分了解饭店的各种设施和服务，与前厅部经理、客户关系经理、当班的值班经理以及其他部门进行沟通，确定在机场迎接客人的相关事宜，并确保做好交通上的安排。

任务实施

根据班级人数，将学生分为4~6人一组。以小组为单位认真阅读任务描述，获取信息，进行分析，掌握接机服务程序并能完成对客接机服务工作。

一、接到通知、查询航班

1. 核对接机客人的姓名、航班号、抵达时间。
2. 根据预订航班抵达时间提前做好接机准备，写好接机牌，安排好车辆，整理好仪容仪表，提前半小时至1小时到机场等候。

二、制作接机牌

1. 客人姓名要醒目，放在接机牌正中间。
2. 饭店的名称在客人名字的下方或者旁边。

三、等候客人

1. 根据电子显示屏显示的信息确认客人所乘航班是否到达。
2. 双手握举显示牌，在醒目的位置等候客人出来。

四、迎接客人

1. 主动问好、介绍自己，代表饭店欢迎客人。
2. 根据预抵店客人名单予以确认。
3. 帮助客人搬运行李并确认行李件数，挂好行李牌，引领客人前往接站车前。

五、引客

右手提着客人的行李，走在客人左前方1.5~2米处，伸出左手为客人引路。

六、上车、道别

1. 和客人确认行李件数。
2. 将行李搬到客人指定的位置。
3. 左手拉开后座车门，右手护顶，请客人上车。
4. 告知客人路程距离和乘车时间。
5. 站在车右前方2米处，和客人挥手告别，并预祝一路平安。

七、通知客人抵达信息

1. 电话通知大厅值班经理客人到店的有关信息：客人姓名、乘车号、离开机场时间、用房有无变化等。

2. 若没有接到 VIP 客人或指定要接的客人，应立即与饭店接待处取得联系，查找客人是否已乘车抵达饭店。返回饭店后，要立即与前台确认客人具体情况并弄清楚事实及原因，向主管汇报清楚，并在接站登记簿和交班簿上写明。

任务评价

接机服务评价表

第＿＿＿组   组长

评价内容	分值/分	自我评价	小组评价
接到通知、查询航班	5		
制作接机牌	10		
等候客人	20		
迎接客人	20		
引领客人	20		
上车、道别	20		
通知客人抵达信息	5		

同步案例

家一样的感觉

美国的汤姆先生到北京，刚下飞机，饭店机场代表小王前来迎接。一见面，小王就说："汤姆先生，您好！要是我没记错的话，您有一年多没来我们饭店住了，是不是我们服务不好,什么地方得罪您了?"汤姆先生赶紧回答:"不,不,饭店很好,主要是这段时间在中国没有业务,如果来中国肯定住你们饭店!"

小王:"又能够看到你,实在是我们的荣幸,请这边走。我先协助您办理手续。哦,对了,待会儿让我们秘书小娟把您的行李带去海关检查。"

汤姆先生:"哦,太好了。我最怕处理的就是这些手续,有你们机场代表在,我就省心多了。"

小王:"您是我们的贵客,这些都是我们应该做的。"

半小时后手续办好。

小王:"汤姆先生,我们饭店的专车已经在机场外边等候了,请这边走。"

汤姆先生:"哦,有个事情想麻烦你们饭店,我有个习惯,洗澡的时候只用某某沐浴露。这次来的匆忙,没带,你能不能够把我房间里的沐浴用品换成某某沐浴露?"

小王:"没问题"

汤姆先生:"太谢谢了!"

到达饭店以后,从门童到总台接待员,再到客房服务员,见到他都像见到老朋友一样,第一句话都是:"汤姆先生,您好!"

这一切都令这位美国客人十分感动,就像回到家里一样。

案例点评

机场代表也被称为"饭店代表"、饭店的"礼仪大使",是代表饭店欢迎宾客的第一人,应特别注意自身的仪容仪表,举止言谈得体大方,动作迅速准确,充分体现责任心、灵活性、独立性的特点。本案例中的机场代表给客人留下了美好的第一印象。

技能训练

学生分组,进行接机服务的模拟训练。

任务 2　门童迎宾服务

任务目标

1. 掌握门童迎宾服务程序。
2. 能完成对客迎宾服务工作。
3. 能灵活处理服务过程中的突发问题。
4. 能按活动要求填写评价表。
5. 能主动学习，善于与他人合作，培养综合能力。

课时安排

8 课时

任务描述

刚下飞机的陈小姐乘坐出租车来到饭店。小王是一位经验丰富的饭店门童，见到车辆缓缓进入饭店门前，他立即迎上前去，为宾客进行店前迎宾服务。

任务分析

门童也叫"门僮"，又称门厅迎接员、迎宾员，是饭店形象的首道展现。门厅迎接员通常要穿着高级华丽、有醒目标志的制服，上岗时精神饱满、热情有礼、动作迅速。工作时通常站于大门一侧或台阶下、车道边，站立时应挺胸、手自然下垂或下握，两脚与肩同宽。其主要承担迎送宾客、调度车辆等工作，同时协助保安员、行李员做好服务工作。

任务实施

根据班级人数，将学生分为 4~6 人一组。以小组为单位认真阅读任务描述，获取信息，进行分析，掌握迎宾服务程序并能完成迎宾服务工作。

一、迎候宾客

1. 做好迎客准备

上岗前检查仪容仪表是否得体，时刻注意礼貌礼节，言谈举止符合规范要求。站立等候时要精神抖擞，站在门口一侧，站姿标准，抬头挺胸，表情自然，保持微笑，眼睛平视前方，注意观察门前的情况。

2. 引导停车

在宾客乘车抵达饭店时，使用规范手势示意（切忌大喊大叫），指挥车辆停到方便宾客进饭店的位置，同时不影响交通。通常，在距离迎面而来的车辆约10米左右，身体微向右侧伸出右手，手掌张开，五指并拢，右手侧举成90°，引导车辆在大门中心的相应位置停下。

二、问候宾客

左手将车门打开70°左右，右手挡在车门框上为宾客护顶，防止宾客在走出车辆时碰头的尴尬局面。当宾客走出车辆时，向宾客表示欢迎光临（对常客或重要宾客应该称呼其姓名和职务以示尊重）。如果车辆前后都坐有宾客，应该先开右侧的后门，再开右前门。关车门时应注意不能夹住宾客的衣物，还应注意车上有无遗留物品。如果客人行动不便，如病人、老人和小孩，迎宾员必须扶助他们下车，必要时提醒他们注意台阶。

对于步行前来饭店的宾客，要礼貌问候"您好，欢迎光临"，宾客手中的行李较多时应关照行李员帮助宾客提行李。

三、适时行李服务

除了检查车内有无宾客的遗留物品，迎宾员要主动询问宾客后备箱内有无行李，将行李从后备箱中拿出，清点；如果宾客行李较多，应主动提醒宾客清点件数和带好个人物品，然后用手势提示行李员为宾客运送行李。

四、请宾客进店

可以说"请进"，同时伸出右手，向前提起至45°至90°，然后手掌向上张开，五指并拢划向外侧，招呼宾客进店。

对于步行前来的宾客，门童在主动问候致意的同时为宾客拉开店门，请宾客进店。

任务评价

门童迎宾服务评价表

第_____组　　组长

评价内容	分值/分	自我评价	小组评价
迎候宾客	20		
问候宾客	20		
适时行李服务	30		
请宾客进店	30		

同步案例

贴心的迎宾员

马先生和朋友乘坐的出租车刚刚停在大堂饭店门口，面带微笑的迎宾员小王迎上前去，并躬身拉门问候："欢迎光临！"马先生和朋友谈笑风生地走下了出租车，小王扭头对正准备进饭店的马先生说："先生，您是否遗忘了公文包？"马先生一听，停止了说笑，忙说："哎哟，是我的公文包，谢谢，谢谢。"小王将公文包递送给马先生，同时又写了一张小条子递了过去，这张小纸条上写着出租车的号码。然后，迎宾员迅速引领客人进入了饭店大堂办理入住登记手续。

案例点评

迎宾员是客人到达饭店后面对面接触的第一个人，良好的服务将给客人留下深刻的印象。迎宾员除了承担迎送宾客、调度车辆、协助保安员和行李员做好服务工作外，还应做一个"有心人"，比如善于记住常客的体貌特征、姓名职务、车牌号码等，给客人带来意外惊喜。

知识链接

门童服务技巧

1. 门厅接应员（门童）在住客离开饭店时，应主动为宾客叫车。
2. 宾客乘坐出租车抵达时，应等宾客付完车费后再把车门打开。
3. 记录下宾客乘坐的出租车车牌，以方便宾客对出租车服务质量的追溯和寻找不慎遗留在车上的物品。

4. 如遇雨天，应打伞为宾客服务，并礼貌地请宾客擦干鞋底后进入大厅。宾客自带伞的，请宾客把自己的伞锁到伞架上。

5. 团体宾客到店时应维持好交通秩序，迎接宾客下车；宾客下车完毕后，要示意司机将车停在合适的地方。

6. 开车门时，应先女宾后男宾、先外宾后内宾、先老人后小孩。

7. 在为宾客护顶时，要注意伊斯兰教徒、佛教徒无需护顶。无法判定宾客身份时，可将手抬起而不护顶。

技能训练

学生分组，进行迎宾服务的模拟训练。

任务 3　访客服务

任务目标

1. 掌握访客服务程序。
2. 能完成对访客的接待服务工作。
3. 能灵活处理服务中的突发事件。
4. 能按活动要求填写评价表。
5. 能主动学习，善于与他人合作，培养综合能力。

课时安排

8 课时

任务描述

洪女士与住在中心大酒店的老朋友顾女士约定下午 3 时会面，地点在酒店大堂。当洪女士在酒店大堂等至 3 点 15 分依然不见顾女士的身影，而洪女士恰巧因为忘带手机而无法联系顾女士。于是，洪女士来到总台，请总台服务员帮助联系顾女士。

模块一 前厅服务

任务分析

查询住客的情况主要有询问宾客是否住在本饭店、询问宾客房间号码等。对宾客来说，饭店是他的"家外之家"。饭店应该尊重宾客的隐私，保护客人的安全。当访客来临时，服务员要正确应对，灵活处理。

任务实施

根据班级人数，将学生分为4~6人一组。以小组为单位认真阅读任务描述，获取信息，进行分析，掌握访客服务的程序并能按规范完成访客的接待工作。

一、热情问候访客

对于访客的查询，饭店员工应一视同仁给予必要的咨询服务，从而树立饭店良好的社会形象。应在访客距离柜台2米左右热情问候，微笑接待。

二、接受访客查询

访客对住客的查询可分为三类：一是住客尚未抵店；二是住客已经入住；三是住客已经退房离店。服务人员可以询问访客关于住店宾客的姓名和房号，看是否与实际情况相符。可以通过以下途径查找住客信息：可以通过姓名在计算机上直接查找；可以通过当天或未来几天抵店宾客预订单查找；可以使用预订单位名称、到店日期等通过计算机查找。

三、答复访客信息

对于住客不同状态，可以做以下处理：

1. 住客尚未抵店的，请访客留言或在住客预计到达日再来询问。

2. 住客已经退房的，向访客说明情况。如住客有留言的，查看住客留言或委托事项，告知访客住客离店后的去向。

3. 住客已经入住的，若访客只知道住店客人姓名而查询房号，不同饭店的服务政策有所不同。通常，一些饭店会满足访客要求而给予回答，而不少高星级饭店则出于对住店客人信息保护的需要，一般不予回答。具体情况服务员可灵活处理，如：请访客自行电话联系住客；服务人员可以打电话给住客或留言，但不能随便告知住客的房号；服务员如果不能确定访客提供的信息是否正确，可以联络住客确认，当然必须在不说出住客房号、姓名的前提下；对于要求房号保密的住客，当有访客前

21

来查询时，应婉转回复访客其要找的客人未住店。饭店必须注意保护客人的隐私，不宜在未经住客许可的情况下，便直接将来访者带入客房或直接将房号告诉来访者。

任务评价

访客服务评价表

第_____组　　组长_____

评价内容		分值/分	自我评价	小组评价
热情问候	热情问候，微笑接待	10		
接受查询	通过各种途径查找住客信息	30		
访客答复	根据不同情况灵活答复访客	60		

同步案例

"拒绝"访客

一天，两位访客来到饭店总台，要求协助查找一位叫杨某的香港客人是否在此下榻，并想尽快见到他。总台接待员询问了访客的基本情况后，立即进行查询，发现确实有一位叫杨某的香港客人入住在本饭店。接待员于是接通了客人的房间电话，但是很长时间没有人应答。接待员便礼貌地告诉来访宾客，这位杨先生确实在本饭店入住，但是此刻不在房间，也没有他的留言，请来访者在大堂休息区等候，或另行约定时间。两位来访者对接待员的答复并不满意，并一再声称他们与杨某是老朋友，要求接待员告知他的房间号码。接待员和颜悦色地向他们解释："为了保障住客安全，饭店规定未经住客同意不得将房号告诉他人。两位先生远道而来，正巧杨先生不在房间，建议您可以在总台给他留言，或随时与饭店总台联系，我们乐意为您服务。"最后，两位来访客人在总台留言后离开了饭店。晚上，杨先生回到饭店，接待员将留言交给他，并说明为安全起见，总台没有将房号告诉来访者，敬请杨先生原谅。杨先生当即表示理解与谢意。

案例点评

为"住店客人保密"是饭店的原则，关键在于要处理得当。这位接待员始终礼貌待客，耐心向来访者解释，并及时提出合理建议。由于解释中肯，态度和蔼，使来访者提不出异议，反而对饭店的严格管理留下深刻的印象。从这个意义上讲，维护住店客人的切身利益，以安全为重，使客人放心，正是饭店的一种无形的特殊服务。

技能训练

学生分组，进行访客接待的模拟训练。

任务 4　门童送客服务

任务目标

1. 掌握送客服务程序。
2. 能完成送客服务工作。
3. 能灵活处理服务过程中的突发问题。
4. 能按活动要求填写评价表。
5. 能主动学习，善于与他人合作，培养综合能力。

课时安排

6 课时

任务描述

陈小姐办完了结账手续，准备离开饭店，门童小王见状热情地迎上前去，为陈小姐提供送别服务。

任务分析

店前送客是饭店最后一个为客人服务的岗位，也可以说是饭店对住客服务的一个阶段性终结。门前送客要尽可能给客人留下良好的"最后印象"。

任务实施

根据班级人数，将学生分为 4~6 人一组。以小组为单位认真阅读任务描述，获取信息，进行分析，掌握门童送客服务程序并能完成送客服务工作。

一、问候宾客

对走出饭店的客人要表示道别,可以根据情况说"再见,陈小姐,祝您一路平安"等道别语。问候时要尽可能带姓尊称客人。

二、询问宾客是否需要用车

视情况主动询问客人是否需要用车。如果客人外出需要叫出租车,应问清目的地,然后为客人招呼在外等候的车辆;如果没有等候的出租车,应请客人稍等,门童自己走出饭店在路口为其招呼出租车。车辆行驶到饭店门口后,门童示意司机在指定位置停下,并告之司机客人的目的地。如果是团队宾客离开,不要让大型车辆长时间停在门前,防止堵住进来的车辆。

三、协助行李员装好行李

协助行李员将行李装上车辆,请客人核对行李件数,在核对无误后关上车辆后备箱。

四、请宾客上车

可以对客人说"请上车",然后为宾客打开车门。如果宾客人数较多,应该先打开右后侧的车门,再为宾客开右前门,同时注意提供护顶服务。

五、礼貌送别

客人上车关门时应确保宾客的衣服不被车门夹住,如果有衣服在外,应提醒宾客放好,切记一关了事。门童送客要站到车辆的斜前方向宾客挥手道别,目送宾客离店,并向司机示意,引导车辆驶出饭店。

任务评价

门童送客服务评价表

第_____组　　组长

评价内容	分值/分	自我评价	小组评价
问候宾客	10		
询问宾客是否需要用车	20		
协助行李员装好行李	20		
请宾客上车	20		
礼貌送别	30		

同步案例

一杯冰水一份情

一辆出租车从远处驶进饭店大厅门口的雨棚下，小张像往常一样给客人拉门、护顶、问候，并引领客人进入大堂。在为客人服务的过程中小张得知这位先生姓李，住502房（已退房），刚从市区回来，准备领取寄存在酒店礼宾部的行李，然后去机场。因距离飞机起飞时间尚早，且奔波疲惫，便在大堂休息处坐了下来。看到李先生一头大汗，表情疲惫，小张琢磨着：我能为他做点什么呢？嗯，有了！小张走到李先生跟前说："李先生，对不起，打扰一下，我给您送一杯冰水过来，好吗？""有冰水喝啊，那真是太谢谢了！"李先生很是惊喜。小张请李先生稍等，然后快步走到大堂吧准备好了冰水，"李先生，您的冰水，请慢用。""这真令我意外感动，想得这么周到，太谢谢了！我下次来一定还住你们酒店！""不用谢，这是我应该做的，很乐意为您效劳，期待您的下次光临。"

案例点评

酷热难耐，再加上奔波劳累，李先生的疲惫可想而知。但这一切并没有逃过礼宾员的眼睛。发现客人的这一信息后，小张并没有熟视无睹，而是仔细思考该为客人提供什么样的服务，小张主动服务的意识值得每个服务人员学习。

技能训练

学生分组，进行送客服务的模拟训练。

项目三 总台接待

前厅部是饭店的门面，是人们进入饭店最先接触的场所，它主要是由饭店大门、总服务台、大堂及大堂吧等区域组成。前厅部的大部分功能是在前台实现的。前台是宾客办理入住登记、咨询信息、退房结账的地方。前台服务员面对面为客人提供各种服务，是饭店对外展示的一个重要窗口。

任务1 入住登记服务

任务目标

1. 掌握客人入住登记服务程序。
2. 能完成客人入住登记服务工作。
3. 能根据不同情况为客人推销合适的客房。
4. 能按活动要求填写评价表。
5. 能主动学习，善于与他人合作，培养综合能力。

课时安排

12课时

任务描述

冯毅和鱼儿等六位朋友结伴从外地到烟台看大海，玩得很尽兴，他们准备在烟台住一晚，明天继续游玩。他们走进了烟台中心大酒店，前台服务员热情地接待了他们，为他们办理入住登记手续。

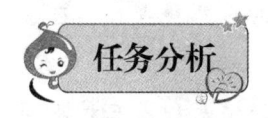

任务分析

为客人提供入住登记（check-in）服务，是令客人对饭店留下第一美好印象的重要时机。要为客人提供优质的 check-in 服务，必须熟悉饭店的所有产品，适时为客人做出合理的推荐，耐心细致并高效地为客人服务。

任务实施

根据班级人数，将学生分为 4~6 人一组。以小组为单位认真阅读任务描述，获取信息，进行分析，掌握客人入住登记服务的程序并能完成客人入住登记服务工作。

一、主动问候宾客

确定宾客正向你走来，接待员应立刻放下手中正在操作的工作，对宾客表示关注。若在接电话，则向宾客点头示意，用礼貌的语调称呼宾客，常客或长住客需带姓称呼。

二、确认宾客需求

询问宾客是否有预订，若宾客事先无客房预订，询问宾客住宿要求，具体包括房间类型、数量、入住时间、住宿天数等，接待员询问宾客的住宿要求要全面，对饭店客房出租情况要熟悉。

三、推销介绍客房

根据宾客的需求，接待员应细心观察，主动推销，满足宾客的需求。接待员需了解饭店业务对策和市场价格变动情况，了解客房的种类、位置、朝向、面积等基础情况并适当加以介绍，同时可以介绍饭店的其他设施及服务。接待员在介绍时宜用正面说法，不做不利方面的比较，对饭店的特色服务可做重点推销。

小提示：掌握宾客特点，灵活推销饭店产品。如可向公费出差的商务宾客推销安静、有办公桌的，便于会客且价格较高的客房；可向旅游宾客推荐景色优美的客房；对于新婚夫妇、社会名流、高薪阶层人士，可推荐套房；可向携带子女的父母推荐连通房或相邻房；老年宾客则适宜住在靠电梯、餐厅的客房等。

在与宾客商谈价格时力求使宾客感到饭店的销售物有所值，在推销过程中应着重推销客房的价值而非仅仅价格。

小提示：报价时，接待员可根据客房的特点，在客房前面加上恰如其分的修饰语。如湖景房、海景房、中式套房、西式套房等。除了介绍客房自然特点外，还应强调客房对宾客的好处。在商谈房价的过程中前厅接待员应该恰如其分地引导宾客，帮助宾客进行选择。在向宾客报房价时，可根据宾客的特点，提供两种或三种不同价格，报价由高到低。对宾客的选择要表示赞同。接待员可用提问的方式了解宾客的特点与喜好，分析他们的心理，有针对性地介绍，应把宾客的利益放在第一位，使宾客满意。

四、确定房型与房间

查询宾客所需类型的客房，如果没有宾客需要的房间，推荐并安排其他类型的房间。如果没有满足宾客要求的客房，要礼貌地向宾客说明，还可以视情形推荐其他饭店。根据房态表，为宾客分配房间。

五、填写入住登记表

请宾客填写入住登记表，或由接待员帮助填写经由宾客核对认可签字。

境内宾客入住登记表

No.000001

房号	姓名	性别	年龄	籍贯		证件名称和号码	
				省（市）	市（县）	证件名称	结婚证

何地来		去何地		抵店日期	离店日期	
工作单位或家庭住址		职业	住宿原因	同住人关系	注意	
					1. 退房时间是中午 12 点 2. 请将贵重物品交接待处保管，行李交行李房寄存，否则如有遗失饭店概不负责 3. 请访客在晚上 11 点前离开 4. 结账时请交回房间钥匙	
天数	付款方式	宾客签名			
房费	预付　　元	接待员：			

六、验证

请宾客出示证件，接待员进行信息核对。入住登记表中填写的信息要准确、详实。对证件加以扫描，以备上传信息至公安机关的旅馆业治安管理信息系统。

七、收取住房押金或信用卡授权

询问宾客付款方式，按照宾客指明的付款方式收取住房押金，为宾客开具收据。由于目前社会上的假钞较多，所以对于现金付款形式的，要鉴别钞票真伪。总台服务员除了借助相关设备如验钞机进行查验外，还要凭看、摸、鉴等方式确保所收现金的真实性。

八、填写欢迎卡和制作钥匙

欢迎卡需挺括、无污染，接待员在上面填写内容须工整正确；通过磁卡钥匙读写器将相关住房信息输入磁卡钥匙。将制作成功的磁卡插入欢迎卡内，双手递给宾客，提醒宾客注意保管好钥匙。

九、提醒并道别

提醒宾客总台提供贵重物品免费保管服务，提醒退房时间。询问是否需要行李服务，需要的话请行李员引领宾客进房，并向宾客指明电梯方向。向宾客道别，祝宾客住店愉快。

十、其他后续工作

通知客房服务中心该客房入住；将住客信息输入电脑；形成客账资料袋或资料夹；将扫描后形成的证件信息通过计算机网络系统传送至指定的公安部门。

任务评价

入住登记服务评价表

第_____组　　组长_____

评价内容	分值/分	自我评价	小组评价
主动问候宾客	5		
确认宾客需求	15		
推销介绍客房	15		
确定房型与房间	10		
填写入住登记表	15		
验证	10		
收取住房押金或信用卡授权	15		
填写欢迎卡和制作钥匙	10		
提醒并道别	5		

同步案例

开房的抉择

中心大酒店公关部施经理正在大堂忙碌。只见一位身穿西装的先生带着一位身穿夹克衫的男子急匆匆地走到他跟前，轻轻地对他说："施经理，有件事跟您商量一下，我是北京某某公司的总经理，这几天和另一位同事住在贵店，开了一间客房。这位先生是我在烟台的客户，刚才和我一起吃晚饭，多喝了点酒，我想给他另开一间房，让他休息一下，晚上住一宿，顺便谈点生意。可总台服务员说我已经开了一间房，不能再开了。而这位客户正好没带身份证，也不让登记。这就麻烦了。施经理，您就帮忙再开一间客房吧，您看，这是我的身份证。"他边说边递上身份证，"施经理，您就行个方便吧。"旁边那位男子也递上名片求情。

此刻，施经理感到很为难，这位北京某大公司的总经理是本酒店的常客。他的要求应该尽量满足，如果处理不当，就会失掉一个很有价值的常客，但如果答应让其客户无身份证入住，又不合饭店住宿的一般规程。他试图找到一个变通的办法，便询问那位男子："您有没有证明身份的其他证件？"男子摇了摇头。"那可不行啊。"施经理无可奈何。该总经理有点急了，赶紧说："这是特殊情况嘛，请允许我用我的身份证来担保他入住吧。""好，就这么办吧，"施经理略经沉思，下了决心答应下来，两位客人喜出望外，连声道谢，表示今后有机会一定再住该酒店。施经理领两位客人到总台办完入住登记后，又给楼层服务台挂了电话，向值台服务员介绍了那位新入住客人的特殊情况，请他特别关照。

案例分析

本案例中施经理对客人特殊要求的处理是成功的，既留住了一个重要的客源又避免了违规操作给饭店造成隐患。首先，施经理面对的客人是 vip 和饭店常客，信用基础较为牢靠。其次，该公司总经理以自己的身份证为客户入住担保，并办理了有效的登记手续，承担了相应的责任，有据可依，有案可查。最后，施经理请楼层服务员对新入住客人特别关照，再增加了一层保险，可以说是慎之又慎，基本万无一失。

本案例实际上反映了饭店管理者和服务人员如何在维护饭店利益的前提下对规章制度灵活变通的问题，值得饭店同行的思考。这样的例子并不鲜见。比如，饭店除了对少数有信誉的常客，原则上是不予赊账的，但有时遇到特殊情况且印象不错的客人，可暂允其赊账；又如，住店客人将钥匙留给同屋客人而自己却撞了锁，这时若服务员认得出客人，一般先开房门让其进；等等。

技能训练

学生分组，针对不同情况，进行客人入住登记服务的模拟训练。

情景模拟参考对话

G：Guest 宾客　　C：Hotel Clerk 服务员

C：您好，欢迎两位光临中心大饭店，请问能为您做点什么？
G：我们住宿。
C：请问有预订吗？
G：有的，我半个月前在网上预订了一个单人间。
C：请问您贵姓？
G：免贵姓赵。
C：好的，赵女士，麻烦您告知您的预订号码。
G：没有预订号码。
C：对不起，请问您全名，我帮忙您查一下，是您本人预订的吗？
G：是的，我叫赵一凡。
C：赵女士，您是 6 月 20 日预订的标间，今天住一晚，明天 7 月 6 日离开，房费是每晚 780 元。

G：是的。

C：请出示一下您的证件，可以吗？

G：好的，给你。

C：赵女士，请您确认入住登记表上的内容，这里需要您的签字。

G：好。

C：赵女士，您的房间是 612 号，在六楼 12 号房间，是湖景房，7 月 6 日离店。请问您是现金还是信用卡付款？

G：现金。

C：好的，赵女士，您要先预交 1000 元押金。

G：好的。

C：谢谢，请问赵女士您有贵重物品需要寄存吗？

G：没有。

C：这是您的身份证、欢迎卡、钥匙和收据，您的房间在 6 楼，由行李员带您进房。我们的房费已包含早餐，餐厅在二楼，电梯在那边，祝您住店愉快。

G：谢谢。

任务 2　离店结账服务

任务目标

1. 掌握客人离店结账服务程序。
2. 能完成客人离店结账服务工作。
3. 能灵活处理客人离店结账时的突发情况。
4. 能按活动要求填写评价表。
5. 能主动学习，善于与他人合作，培养综合能力。

课时安排

4 课时

任务描述

早上8点，因为赶飞机，张先生拿着行李来到前台，准备办理离店手续。由于是旺季，退房客人较多，张先生只能排队等候，但是服务员的操作速度太慢，张先生非常着急，怕延误了飞机。

任务分析

离店结账服务是客人离店前接受的一项关键服务，应给客人留下良好的最终印象，要求服务快捷、无误，一般要求在两三分钟内完成。

任务实施

根据班级人数，将学生分为4~6人一组。以小组为单位认真阅读任务描述，获取信息，进行分析，掌握客人离店结账服务的程序并能完成对客离店结账的服务工作。

一、离店结账服务程序

（一）散客离店结账服务程序

1. 客人离店要求结账时，要主动迎接客人，表示问候，问清客人姓名、房号，找出账卡，并重复客人的姓名，以防拿错。

2. 同时收回客房钥匙卡。

3. 通知客房服务中心派服务员迅速检查客房，以免客人遗留物品或房间物品有丢失或损坏现象。

4. 委婉地询问客人是否有最新消费，如长途电话费、早餐费等，并在电脑上查阅以免漏账。

5. 打出客人消费账单，并将账单呈请客人检查、确认并在账单上签字。

6. 根据客人的不同付款方式进行结账。客人付款方式通常有现金、旅行支票、信用卡、旅行社凭证、客人间代付账款等。如果客人要求用信用卡结账，则要注意做好"验卡"工作。

7. 向客人表示感谢，祝客人旅途愉快。

8. 将客人的登记表盖上时间戳送交接待处，以便更改客房状态。

9. 在账单上打下PAID印记，将账单一联交给客人作为收据，另一联转送财务部。

(二) 团队离店结账服务程序

1. 将结账退房的团队名称、团号通知客房服务中心，以便检查客房酒水的使用情况。

2. 同时收回客房钥匙卡。

3. 查看团队预订单上的付款方式以及是否有特殊要求，做到总账户、分账户分开。

4. 打印团队账单，请该团负责人员在团队总账单上签字，并注明其所代表的旅行社，以便旅行社结算。

5. 为有分账户的客人打印账单、收银。

6. 与客人道别，表示感谢，祝客人旅途愉快。

二、特殊情况的处理

1. 住店客人的欠款不断增加

有些客人在住店期间所交的押金已经用完，或者有的客人入住饭店以后长期没有决定结账的日期，但是他所欠的饭店账款额在不断上升，在这种情况下，为了防止客人逃账或引起其他不必要的麻烦，必要时可通知客人前来付账。催促客人付账时，要注意方式、方法、语言艺术，可以用电话通知，也可以用打印的通知书，将客人的房号、姓名、金额、日期等填好后装入信封，交总台放入钥匙格子里。客人见到该通知后会主动付款，如客人拒绝付款，应及时处理。

2. 过了结账时间

如果过了结账时间（一般为当天中午 12:00）仍未结账，应催促客人，如超过时间，应加收房费（下午 3 点以前结账者，加收一天房费的 1/3；下午 3 点到 6 点结账的，加收 1/2；下午六点以后结账的，则可加收全天房费）。

3. 客账由另一位客人支付

一群人一起旅行时由一个人付款，或者客人甲的账由客人乙支付，但是客人甲已经先行离去，这时候往往容易发生漏收的情况，给饭店带来经济损失。为了防止出现这类情况，应在交接记录上注明，并分别在两位客人的账单上附纸条，这样结账时就不会忘记，接班的人也很容易看到。

(1) 如果客人甲的账由客人乙支付，而甲先行离店，把客人甲的账目转到客人乙的账单上，同时客人甲的账单清零。

(2) 同时通知客人乙。

(3) 为避免出现不必要的麻烦，及时拿到客人乙的书面授权。

4. 客人结账后，没有交回房间钥匙

（1）如果客人结账后回房间等待集合或车辆，饭店可以马上回房间找回钥匙。

（2）如果客人已经结账离店，首先马上通知客房部检查客房，以免将钥匙留在客房内；如果客人已经把钥匙带走，这时饭店应派人去机场或车站追回钥匙。如未能追回，则应该换锁，以防万一。

任务评价

散客离店结账服务评价表

第＿＿＿组　　　　组长			
评价内容	分值/分	自我评价	小组评价
礼貌问清客人姓名、房号	10		
收回房间钥匙并通知客房查房	10		
查询客人是否有最新消费	10		
请客人在账单上签字	20		
请客人结账	20		
向客人致谢	20		
将登记表递交接待处以更改房态	5		
在账单上打下 PAID 印记	5		

同步案例

行李不见了

住在 506 房间的张先生准备当天中午乘动车回家，提早在总台办好结账退房手续。他认为虽然结了账，但是在中午 12:00 以前客房的住用权仍然是属于他的，因此把整理好的箱物行李放在客房内，没有向楼层服务员打招呼，就出去逛街买东西了。

过了一个多小时，张先生回到饭店准备取行李离店。谁知他进入房间一看，已经有新住客在房间里喝茶，而他的行李已不知去向。当他找到楼层服务员后才知道他的行李被送到总台了，楼层服务员反而责怪他为什么在结账后不和楼层联系。

张先生听了很生气，"回敬"了几句便到总服务台提意见，谁知总台人员不记得他已结账，还不把行李马上还给他。经过与楼层服务员联系等反复折腾，张先生离店已经快中午了，相信以后他不会再到这里来住店了。

案例点评

本案例中饭店的失误之处：客人办理结账退房手续时，前台应通知客房服务员查房，客人行李可以寄存；在客房未重新清扫整理之前，马上又安排新的客人入住，这显然是错误的，因为这间房还不够重新出租的条件。

技能训练

学生分组，进行客人离店结账服务的模拟训练。

模块一 前厅服务

项目四 行李服务

前厅礼宾处负责向宾客提供行李服务。饭店一般将礼宾处设在宾客容易发现的位置,方便行李员观察客人抵店、离店的进出情况,及时与总台协调联系。礼宾部的行李员负责帮助客人卸送、搬运行李;提供行李寄存和保管服务;分送邮件、报纸、传送留言单等工作。

任务1 入住行李服务

任务目标

1. 掌握散客入住行李服务程序。
2. 掌握团队客人入住行李服务程序。
3. 能完成散客入住行李服务工作。
4. 能完成团队客人入住行李服务工作。
5. 能灵活处理行李服务时的突发情况。
6. 能按活动要求填写评价表。
7. 能主动学习,善于与他人合作,培养综合能力。

课时安排

12课时

任务描述

范先生一家自驾游来到烟台，事先他们预订了一家四星级饭店。当他们开着车子来到饭店门口时，饭店迎宾员和行李员同时上前迎接了他们。行李员小刘热情地为他们提供入住行李服务。

任务分析

为了能做好行李服务工作，行李员要熟知礼宾处行李服务的工作程序及操作规则、标准；熟悉饭店内的各条路径及部门岗位所处位置，要善于与人交往，和蔼可亲，做到对客服务及时到位。

任务实施

根据班级人数，将学生分为4~6人一组。以小组为单位认真阅读任务描述，获取信息，进行分析，掌握客人入住行李服务的程序并能完成对客的行李服务工作。

一、散客入住行李服务

（一）迎接宾客

行李员要时刻注意观察宾客动向，保持良好的站立姿势，发现有抵店宾客应主动为宾客提供行李服务，并致以问候。

（二）卸放行李

将行李卸下车，要检查、清点行李有无破损和缺少，并向宾客确认，如"范先生，您共有3件行李，对吗？"大件行李装行李车，贵重及易碎物品应让宾客自己拿好。

（三）引领宾客至总台登记处

引领宾客时，应走在宾客的左前方两三步远处，随着客人的脚步走，在拐弯和人多时应回头招呼宾客。途中可视情况询问客人姓名、有无预订、是否是初次到达本饭店。

（四）照看行李

当宾客在总台办理入住登记手续时，行李员站于宾客身后2米左右处看管行李，负责行李安全。同时，关注宾客动向和接待员的工作，并随时听从接待员的服务提示。

（五）引领宾客至客房

宾客办理完入住登记手续后，应主动上前接过接待员交予的钥匙，并记住房间号码，引领宾客前往客房。引领途中应走在客人侧前方两三步远处，搭乘电梯时请宾客先进先出，适时向宾客介绍饭店的特色、新增服务项目、特别推广活动等。在楼层上简短地向宾客指明介绍楼层紧急出口方位。快到房间时示意宾客房间方位。进房时向宾客介绍钥匙的使用方法，按"敲门—通报"进房程序将房门打开，立于一侧，请宾客先进。入房后将钥匙卡插入进门处墙上的取电槽内，使客房通电。如果是晚上，要为宾客开灯。将行李放在行李架上或宾客指定的地方。

（六）介绍房间设施设备与使用方法

主动向宾客介绍房内设施设备及使用方法，如电源开关、上网、保险箱使用、电话的使用、小酒吧的收费及主要电话号码等，如果是常客或当宾客不感兴趣时，则可以简单介绍或不做介绍，尊重宾客意愿，灵活处理。介绍房内设施设备时，行李员应按照顺时针或逆时针顺序有序进行，切忌随意介绍。

（七）道别、返回岗位

主动询问宾客是否还有其他服务需要，如果没有则应祝宾客居住愉快，并礼貌道别。离开房间时，退后几步至房门口，面朝房内轻轻将房门关上，再迅速离开。行李员应从员工通道返回大厅礼宾台，在"散客行李入住记录表"上逐项填写并签名，并准备迎接下一个工作任务。

二、团队入住行李服务

（一）准备应接

提前准备好将到达团队的资料，如团队名、进店日期等，与到达团队的用车司机确认团队名称，以此保证行李是将入住的团队的。根据团队抵店时间安排好行李员，提前填好进店行李牌，注明团队名称和进店日期。

（二）接受和分拣行李

将行李从车上卸下，行李员与团队负责人一起清点行李件数、检查破损情况等，然后填写"团队行李进出店登记表"，请团队负责人签名。将行李拴上填好房号的行李牌，以便准确地分送到宾客房间，如暂不分送，应码放整齐，加盖网罩。

（三）分送行李

将行李装上行李车，走专用通道到指定楼层分送行李。进房后将行李放在行李架上，请宾客清点及检查行李，无异议后道别。如果宾客不在房间，请客房部员工帮助开门，并将行李放在行李架上。如有行李与房号方面疑问，与团队负责人协商解决。

（四）询问宾客是否需要其他帮助

询问宾客是否需要进一步的帮助和服务，如宾客还有其他问题询问要及时给予解答，如没有其他需要，行李员可按照退出客房的礼仪标准离开房间。

（五）行李登记

分送完行李后，应在"团队行李记录表"上记录并签名，按登记表上的时间存档。

任务评价

散客入住行李服务评价表

第_____组　　组长_____

评价内容	分值/分	自我评价	小组评价
迎接宾客	10		
卸放行李	10		
引领宾客至总台登记处	10		
照看行李	20		
引领宾客至客房	20		
介绍房间设施设备与使用方法	20		
道别、返回岗位	10		

知识链接

行李装车要求

1. 坚持"同团同车，同层同车，同侧同车，同房同车"原则

"同团同车"可以防止行李与其他团员混淆的问题；"同层同车，同侧同车，同房同车"可以方便行李员运送行李，减少不必要的行走线路，提高工作效率。当同一团队行李放不下时，也可按相近楼层摆放。

2. 坚持"硬件在下，软件在上；大件在下，小件在上；后送在下，先送在上"原则

"硬件在下，软件在上；大件在下，小件在上"，这样可以防止压坏行李，同时保持行李的平衡，防止行李在运送过程中倒下。在不违反上述原则的基础上，可考虑"后送在下，先送在上"，这样的装车能使行李员根据房号在同一部行李车上方便地找到某房间的行李。

技能训练

学生分组,进行散客入住行李服务的模拟训练。

任务 2　离店行李服务

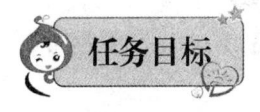

任务目标

1. 掌握散客离店行李服务程序。
2. 掌握团队客人离店行李服务程序。
3. 能完成散客离店行李服务工作。
4. 能完成团队客人离店行李服务工作。
5. 能灵活处理行李服务时的突发情况。
6. 能按活动要求填写评价表。
7. 能主动学习,善于与他人合作,培养综合能力。

课时安排

6 课时

任务描述

范先生一家的自驾游结束了,他们准备今天退房。可是由于行李较多,于是范先生打电话给总台礼宾处,想请行李员来客房帮助他们把行李运至饭店大厅。

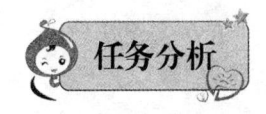

任务分析

行李服务是饭店为客人提供的最基本的服务。当客人表示希望得到行李服务时,行李员应了解客人信息,及时帮助客人搬运、卸送行李,熟练填写行李及存单等表格,掌握行李寄存的规则,并妥善保护客人的行李安全。

任务实施

根据班级人数，将学生分为4~6人一组。以小组为单位认真阅读任务描述，获取信息，进行分析，完成客人离店行李服务的工作任务。

一、散客离店行李服务

（一）接受离店行李服务信息

当接听到宾客要求收取行李的电话，应问清房号、行李件数、收取时间，于3分钟内或按宾客要求准时到达房间。行李员可根据行李件数事先决定是否需要带行李车上楼。

（二）核实宾客是否已结账

在上楼取行李前，通过计算机系统或与前台收银处联系，核实宾客是否已经结账，这样可以及时提醒宾客在离店时去收银处结账。

（三）入房提取行李

行李员"敲门—通报"进房问候宾客，同宾客一起清点行李件数，检查有无破损，并系上填好的行李卡。如与宾客一同离开客房，要提醒宾客不要遗忘物品。如宾客不在房，请楼层服务员开门取行李，并注意检查有无宾客的遗留物品。

（四）问清宾客是否直接离店

若宾客不是马上离开房间，征得宾客同意，行李员可将行李先行拿下楼等候，或将行李暂放在行李房；如果宾客不是马上离店，则应在行李上系上有宾客姓名、房号的行李寄存牌。行李员要将写好的行李牌副联撕下交给宾客，并且向宾客说明副联是领取行李的凭证。

（五）引领宾客至大堂

行李员引领宾客至大堂，请宾客先行，保持一定距离，并为宾客操作电梯。对于将结账离店的宾客，礼貌地暗示或指引宾客到总台结账。

（六）行李装车

在确认宾客已经结清账目，用手势告诉门厅迎接员叫车，引领宾客至店门外，将行李装上车，再次请宾客确认行李件数。

（七）道别返回

向宾客礼貌地道别，祝宾客旅途愉快，欢迎宾客再次光临。返回大堂，至礼宾台逐项填写"散客行李离店登记表"并签名。

二、团队离店行李服务

（一）做好准备工作

了解前台送来的团队离店名单，将次日预离团队的团号、房间号、人数与电脑档案核实。根据团队宾客入住登记表上的时间做好出行李的工作安排，行李员可在宾客离店前与领队或团队接待处联系，确认团队离店的时间及收取行李的时间。

（二）收取清点行李

准备行李车，依照团号、团名及房间号到楼层收取行李。团队领队或陪同人员会提前通知宾客将行李放在房间门口并安排专人看管，行李员收行李时只收门口的行李，房间内的行李一般不要收取。与宾客确认行李件数，如宾客不在房，门口又无行李，不可擅自开门收取行李，应尽快与领队或陪同人员联系。每件行李上要系上"行李牌"，注明团队名称、房号与时间。

（三）将行李运送至大堂

通过行李专用通道，将集中好的行李运送到饭店大堂相应的位置集中，必要时为不同的团队行李罩上网罩，并做好行李看管工作。

（四）再次核对行李

行李员与团队领队或陪同人员清点行李件数，核实准确的数字。核对后的实际行李件数，请团队负责人过目后签字确认，如行李损坏，应该详细记录，并由双方签字认可。

（五）行李装车放行

行李车来运拉行李时，行李员要问清所拉行李的团名及团号，在确认无误后，和行李车队或行李车行李员一起清点行李件数，然后一起搬运行李上车并在交接单上写下行李车的车牌号，签上对方姓名。

（六）做好记录

每次团队行李运送后应迅速返回工作岗位，填写"团队行李记录表"，并将相关资料存档。将"团队行李记录表"存档的工作一般由领班负责。

任务评价

散客离店行李服务评价表

第____组   组长

评价内容	分值/分	自我评价	小组评价
接受离店行李服务信息	10		
核实宾客是否已结账	10		
入房提取行李	10		
问清宾客是否直接离店	20		
引领宾客至大堂	20		
行李装车	20		
道别、返回	10		

同步案例

谁之错？

一位住店客人准备离店，行李员小王到该客人房间取两个行李箱，用车推到了前厅行李间并绑上了行李牌，等待客人前来点收。当客人结好账，行李员小王打算将行李箱搬上汽车时，那位客人忽然发现了什么，很不高兴地指着一只箱子说："这只箱子上面的轱辘被磕掉了，我要你们饭店负责！"小王听罢感觉很委屈，于是辩解道："我到客房取行李时，这只箱子明明就是坏的，我在运送时根本没有碰撞过呀。"客人一听恼火起来："这明明就是你弄坏的，自己不承认，反而咬我一口，我要向你的上级投诉"。

案例点评

本案例中行李员小王的错误有两点：一是到房间内取行李时未查看行李是否完好无损，而且没有一开始绑上行李牌，请客人核对行李件数及检查行李有无破损。二是小王直接和客人争辩，导致矛盾激化。

技能训练

学生分组，进行散客离店行李服务的模拟训练。

模块二　客房清扫服务

客房是客人在饭店逗留的主要场所,是客人的"家外之家"。客房清扫服务是客房服务员按照清扫流程及标准,为客人创造一个舒适、温馨、洁净的环境并提供相应的服务,满足客人的合理需求。它是客房服务中最核心的工作。本模块包括认识客房产品、客房清扫的准备工作、铺床、走客房的清扫、住客房的清扫五个项目。

项目一　认识客房产品

客房是饭店的主要产品,是饭店档次和服务质量的重要标志。饭店要根据不同类型和档次的客人的需求及饭店类型和所处的地理位置,设计和布置相应类型和档次的客房;同时合理配置家具、设备和用品,以满足客人的生活需要。

任务 1　客房的类型

任务目标

1. 熟练掌握客房的类型。
2. 能根据不同客人的特点分配房间。
3. 了解客房产品的特点。
4. 能按活动要求填写评价表。
5. 能主动学习,善于与他人合作,培养综合能力。

课时安排

2 课时

任务描述

王先生一家三口想到烟台旅游,他打电话到烟台中心大酒店预订处询问有关客房的情况。王先生的儿子刚满 5 岁,他们一家三口想住在一个房间里。但一打听,饭店的大床间的床宽是 1.5 米,一家三口一起太挤了;双人间是两张 1.2 米宽的床,大人带一个小孩也是挤。正发愁时,预订员小于给王先生提出了合理的建议,王先生非常满意,愉快地预订了一间客房。如果你是小于,你会怎样做?

任务分析

客房类型多样化不仅增加了客人的选择余地,也提高了饭店的经济效益。服务员必须要熟练掌握本饭店的客房类型及特点,才能为客人提供优质的服务。

任务实施

根据班级人数,将学生分为4~6人一组。以小组为单位认真阅读任务描述,获取信息,进行分析,能根据不同类型客人的特点合理分配房间。

一、按构成客房的房间数量划分

(一)单间客房

1. 单人间(single room)

单人间是放一张单人床的客房。单人间又可叫单人房,适合单身旅游者入住。这种客房私密性强,而且经济实惠,颇受单身旅游者的青睐。饭店单人间数量一般不多,常常把面积较小或位置偏的房间作为单人间。

2. 大床间(double room)

在房间内配备一张双人床,适合夫妇二人,也适合单身客人居住。

3. 双人间(twin room)

双人间又称标准间,在房间内放两张单人床,可住两位客人,也可供一人居住,一般用来安排旅游团队或会议客人,这类客房在饭店中占大多数。在大床间供不应求时,可将两张单人床合并为大床间出租;如果这种房间放置的是两张大床,或放置一双一单两张床,则成为了在度假型饭店较常见的、适合三(四)口之家入住的家庭间。

(二)套间客房

由两个或两个以上房间、卫生间和其他设施组成的客房就是套间客房。目前饭店套房的种类主要有:

1. 标准套间(standard suite)

标准套间又称普通套间(junior suite),一般为连通的两个房间,一间作卧室(bed room),另外一间为起居室(living room),即会客室。卧室中放一张大床或两张单人床,配有卫生间。起居室也可设卫生间,可不设浴缸,供来访客人使用。

2. 豪华套间（deluxe suite）

豪华套间可以是双套间，也可以是三套间，分为卧室、起居室、餐厅或会议室。卧室中配备大号双人床或特大号双人床，室内注重装饰布置和设备用品的华丽高雅。有的饭店还设有复式套房（dupiex），由楼上楼下组成，楼上为卧室，楼下为客厅，私密程度更高。

3. 商务套间（business suite）

商务套间是专为商务客人设计布置的套间。这类客房在办公设施、室内家具、用品的配备和布置等方面充分考虑到商务客人的需要。随着商务客人的增多，这类客房占客房总数的比例也在不断增加。

4. 总统套间（presidential suite）

总统套间简称总统房。总统套间通常由7~8间房组成，设有男女主卧、会议室、卫生间、起居室、书房、餐厅、警卫室、娱乐室、厨房等。总统房装饰极尽豪华，设备用品精致考究。一般三星级以上饭店才设有，它标志着该饭店已具有了接待总统的条件和档次。但总统房并非总统才能住，一般来说只要付得起房租谁都可以住。事实上住总统房的客人，多数是政界要人、商界大亨、演艺名人等。

二、按客房在楼层中的位置划分

1. 内景房

这种客房的窗户或观景阳台朝向饭店的内院，住客在房内观景主要是店内的景色。

2. 外景房

这种客房的窗户或观景阳台朝向店外，住客可以在房内观赏饭店外部景色。根据外部景色的内容，外景房可进一步细分为海景、江景、山景、园景等房型。

3. 角落房

这种房间位于楼层的建筑物边角处，是距离电梯间或主出入口最远的房间。因其私密性较好，比较受到注重个人隐私的客人的欢迎。有些角落房因为受建筑形状的影响，房间形状不够方正，通常被设置为档次、房价较低的房型。

4. 毗邻房

毗邻房是指相邻的两个或多个房间。在团队的住房安排中，应尽可能地安排毗邻房，以方便其团体活动。

三、特色楼层

在高星级饭店，为面向同类消费客人，体现饭店的特色，利用某些楼层的全部或一部分，集中进行设置的楼层叫特色楼层，如商务楼层、行政楼层、女士楼层、无烟楼层等。

1. 商务楼层

商务楼层是为接待商务客人而设置的楼层。楼层上设有专门的商务中心、商务洽谈室、自助餐厅、咖啡厅等，有的还为客人配有秘书和翻译服务，有效提高了商务客人的办公效率，因而越来越受商务客人的青睐。

2. 行政楼层

行政楼层客房的家具、日用品等都非常高档，室内装饰也极其豪华。住宿客人一般是高级别的行政官员、金融大亨、商业巨子或其他社会名流。在一些酒店，要去行政楼层，必须持有该楼层的房间钥匙，在电梯里将房间钥匙插入确认口，电梯才能在行政楼层停下。

3. 女士楼层

女士楼层是酒店为了方便女性客人，专门向女士开放的楼层。随着单身女性客人数量的不断增长，此类客房的需求量也越来越大。女士楼层的设立提高了女性宾客入住时的舒适感和安全感。

4. 无烟楼层

无烟楼层是因为有部分客人不吸烟，而且对烟味特别敏感而设立的楼层。主要把楼层客房的所有烟灰缸全部撤掉，同时在客房及楼层都贴有明显的禁烟标志。此类客房也越来越受到客人的欢迎。

任务评价

客房的类型评价表

第____组　　组长			
评价内容	分值/分	自我评价	小组评价
掌握客房的类型	30		
掌握每种房型的特点	20		
掌握每种房型适合入住的客人	20		
能根据客人特点合理安排房间	30		

知识链接

客房产品的特点

一、价值不能储存

一般产品都是可以储存的，如一架照相机、一台电视机，今天没有卖出，可以储存起来待来日再出售。客房产品却是不可储存的。客房产品的时间性很强，以每晚租金200元的客房为例，如果全天此房间租不出去，那么，这200元的价值就无法实现，也就是说，它的价值具有不可储存性。所以，饭店业的行家把客房比喻为"易坏性最大的商品"，只有24小时寿命的商品。这就是为什么饭店有时甚至以低于成本的价格销售饭店商品而不愿饭店设施闲置的根本原因。

二、所有权不发生转移

客房商品的特殊性，主要表现在它是出租客房和提供劳务，而不发生实物转移。客人付出房租而获得的仅仅是房间暂时的使用权和居住权，而房间的所有权仍然归饭店。客房在运转过程中，服务人员一方面要尊重客人的使用权和居住权，以设备、供应物品为凭借，通过接待服务，不断地向客人提供使用价值和劳务；另一方面又要做好对客房物资用品的保管和使用过程的控制，以达到增收节支的目的。

三、以"暗"的服务为主

饭店看得见的服务为"明"，见不到的服务为"暗"。

客房作为客人休息、睡眠的区域，饭店必须为客人创造一个安静的环境；同时客房作为客人的私人领域，宾客们是不愿意让别人干扰自己的私生活的。因此，客房服务应该注意服务过程的"三轻"，将服务工作做在客人到来之前或不在房内期间，让客人感到饭店处处都在为自己服务却又看不到服务的场面，如同在自己家里一样方便、称心。

四、随机性与复杂性

客房业务的内容是零星琐碎的，从客房的整理、补充物品、设备维修到客人的进店、离店，都是一些具体琐碎的事务性工作，具有很强的随机性。客人在何时何地，在什么情况下，需要哪些服务，事先都难以掌握；再加上客人来自世界各地，风俗和兴趣爱好不一，从而使客房业务增加了复杂性。客房工作的随机性与复杂性，需要客房服务员既要主动，也要善于揣摩客人心理，进行规范性和个性化相结合的服务。

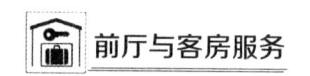

任务 2　客房设备及用品配置

任务目标

1. 熟练掌握不同档次和类型客房的设施设备及用品配置。
2. 熟悉客房的功能分区。
3. 掌握不同功能区的设备及用品配置。
4. 能按活动要求填写评价表。
5. 能主动学习，善于与他人合作，培养综合能力。

课时安排

2课时

任务描述

小王从中职学校来饭店客房部实习，初来乍到，小王对客房部的工作环境还很陌生，今天师傅决定先带她熟悉客房的环境、设施设备及用品，为今后的客房清扫工作打下基础。

任务分析

客房的设备及用品是根据客房的档次和类型而配置的，无论是清扫工作还是对客服务工作，熟悉客房的设备及用品都很有必要。要掌握客房的设备及用品，首先要熟悉客房的功能分区，然后再掌握各功能区的设备及用品配置情况。

任务实施

根据班级人数，将学生分为4~6人一组。以小组为单位认真阅读任务描述，获取信息，进行分析，掌握客房的设备及用品配置，以便为客人提供优质服务。

一、客房的功能划分及设备用品配置

客房是客人住店期间的主要活动场所,这就要求饭店合理地设计客房的布局并配备相应的家具和设备,使客房具备能满足客人生活的各种功能。

(一) 睡眠空间设备及用品配置

1. 床

床是客房中最主要也是最基本的家具。我国旅游星级饭店所配置的床大部分是由床架、床垫和床头软板组合而成的。床的大小规格要与房间类型相配套,与房间面积相协调,不仅要考虑美观大方,还应保证客人使用舒适方便,同时方便服务员操作。对床的要求是重量轻、牢固度好,弹簧床垫软硬度适宜,造型美观;床架底部有活动轮和定向轮,可以方便移动。

客房常见的床:单人床(Single Bed);双人床(Double Bed);大号双人床(Queen-Size Bed);特大号双人床(King-Size Bed);加床(Rollaway Bed);婴儿床(Baby Cot)。

配置用品:①被褥1条;②床单1条;③被子1条;④鸭绒枕芯、木棉枕芯各1个;⑤备用枕头、被子(一般放在衣橱中,冷时用);⑥床尾垫(床旗)1条。

2. 床头柜

床头柜可分为单人用床头柜和两人共用床头柜。现代饭店床头柜的功能可满足客人在就寝期间的各种基本需要。床头柜配有音响设备,供客人收听有关节目及欣赏音乐。

床头柜的长度为60cm左右,床头柜的高度必须与床的高度相匹配,通常在50~70cm,以便客人躺在床上,眼睛能平视床头柜上的平面。

配置用品:①电话簿、电话卡、晚安卡、环保卡;②便签、笔;③一次性拖鞋、擦鞋器(纸)放在床头柜下。

(二) 盥洗空间设备及用品配置

盥洗空间的设备一般包括:浴缸、沐浴房、云台、洗脸盆和便器等。

1. 浴缸

应配置有标识冷、热的水龙头,并装有沐浴喷头,既能固定也可手拿。浴缸底部应配置防滑垫。浴帘杆固定在浴室上方,在浴缸水龙头对面的墙上。另外,还有活动的晾衣绳供客人使用。

配置用品:大浴巾、面巾、地巾、防滑橡胶带、浴盐等。

2. 沐浴房

作为一种时尚和发展趋势,越来越多的饭店在卫生间里用沐浴房装置代替了浴缸。在高档次的客房中,也出现了沐浴房与沐浴缸分设的现象。

3. 便器

一般星级饭店的卫生间只装坐便器，部分高档次饭店还在坐便器旁边设有下身冲洗器。现代饭店还在便器旁增加了紧急呼叫按钮、访客等待显示器等。

配置用品：卫生卷纸、女宾卫生袋。

4. 洗脸盆与云台

云台一般由大理石、人造大理石或其他材料铺设而成，洗脸盆镶嵌其中，内有水塞和溢水口，洗脸盆上装有带规范标志的冷热水龙头各一个，在云台旁边的墙壁上设有毛巾架、符合国际标准的交流110/240V插座、吹风机。云台的上方配有一面大镜子，为了方便男士修理胡须或女士化妆，大镜面的内侧或外侧还配有化妆放大镜。另外，为了避免客人沐浴时镜子蒙上水蒸气，可在镜子的背面安装除水装置。云台的大小可视卫生间的面积和布局而定，但高度一般以80cm为宜。

配置用品：①烟灰缸、火柴、花瓶、香皂盒、消耗品托盘（篮）、小方巾、口杯；②杯垫、香皂、牙具、面巾纸、沐浴液、洗发液、护发素、润肤露、浴帽、梳子、指甲剪、剃须刀；③不锈钢垃圾篓、体重秤、布草篮放置在云台下方。

（三）起居空间设备及用品配置

不同等级的饭店、不同等级的客房最大的差别在于起居空间的不同。标准客房的起居一般在窗前，由沙发、小餐桌或茶几组成。套房一般设有独立的起居空间，家具的数量也相应增加，以方便会客。

配置用品：烟灰缸、茶水具、火柴盒、花盆、茶叶（设有酒柜的客房，茶几上面仅摆放烟灰缸、火柴盒、花瓶）。

（四）书写和梳妆空间设备及用品配置

标准的写字台、梳妆台可分开配置或兼做两用，并装有抽屉，可放置文具。墙面上设有梳妆镜，为了达到好的梳妆效果，上方应装有照明灯以提高亮度。为了方便住店客人办公，写字台还应配备电脑和网线。

配置用品：①饭店介绍手册、服务指南、征求意见表、房间用餐菜单、地图、客房价目表、电话使用说明、烟灰缸；②普通信封、航空信封、国际信封、信纸、明信片、传真纸、便笺、笔、针线包、行李标签、客人意见书、火柴等；③垃圾篓放在梳妆台下面；④礼品袋。

（五）储存空间设备及用品配置

1. 衣橱

衣橱设置在客房入口的小过道内侧，便于客人在离开饭店时检查衣橱内有无遗落物品。

配置用品：①挂衣杆上备有带店徽的衣架。衣架数量按床位计；每床2个西服衣架、2个裙架；五星级饭店可另配少量缎面衣架。②衣橱下面放置叠放好的洗衣袋、大购物袋、小购物袋。每个洗衣袋内有干、湿洗衣单各 1 份。有的饭店将袋子放置在梳妆台的抽屉里。③衣服刷、鞋拔子。有的饭店还配有 2 套睡衣、睡袍、保险箱、鞋筐等。

2. 酒柜

酒柜专用于摆放客房小酒吧供应的酒水，普通客房的酒柜一般与壁橱连成一体，豪华客房的酒柜一般自成一体。

配置用品：①各种与星级档次相配套的酒水、饮料、小食品若干件。摆放时，矮的放在前面，高的放在后面，商标朝外。②与酒水相配套的酒杯若干只；开瓶器 1 个，把手朝外；调酒棒两根，店徽朝外；与酒杯相配套的杯垫若干个，店徽朝上；纸巾若干包。③电热水壶、凉水壶、冰桶或酒店赠送的免费矿泉水。④酒水价目表 1 份，正面朝外；账单两份。

任务评价

客房设备及用品配置评价表

第＿＿＿组　　　组长

评价内容	分值/分	自我评价	小组评价
描述睡眠空间设备及用品配置	20		
描述盥洗空间设备及用品配置	20		
描述起居空间设备及用品配置	20		
描述书写和梳妆空间设备及用品配置	20		
描述储存空间设备及用品配置	20		

知识链接

五星饭店客房用品的基本质量要求

一、毛巾

高星级饭店客房配备毛巾材质一般是全棉，白色为主，素色以不褪色为主，无色差，手感绵软，吸水性能好，无污渍，无明显破损性瑕疵，符合 FZ/62006 的规定。

1. 浴巾。规格：不小于 1400mm×800mm，重量不低于 600g。

2. 面巾。规格：不小于 700mm×350mm，重量不低于 140g。

3. 地巾。规格：不小于 750mm×450mm，重量不低于 350g。

4. 方巾。规格：不小于 320mm×320mm，重量不低于 55g。

5. 浴衣。棉织品或丝绸制品，柔软舒适、保暖。

6. 软垫。要求平整，弹性适宜，无污损。规格：不小于 2000mm×1100mm。

二、床上用品

1. 床单。全棉，白色为主，布面光洁，透气性能良好，无瑕疵点，无污渍。

2. 枕芯。松软舒适，有弹性，无异味。

3. 枕套。全棉，白色为主，布面光洁，无明显疵点，无污损，规格与枕芯相配。

4. 毛毯。素色为主，手感绵软，保暖性能良好，经过阻燃、防蛀处理，无污损。规格尺寸与床单相配。

5. 床罩。外观整洁，线形均匀，边缝整齐，无断线，不起毛球，无污损，不褪色，经过阻燃处理，夹层可用定型棉或中空棉。

6. 备用薄棉被（或备用毛毯）。优质被芯，柔软舒适，保暖性能良好，无污损。

7. 衬垫。吸水性能良好，能有效防止污染物质的渗透，能与软垫固定吻合，可使用定型棉或中空棉。

项目二　客房清扫的准备工作

"工欲善其事，必先利其器"，为了保证客房清洁整理的质量，提高工作效率，给客人创造一个温馨安宁的环境，客房清扫前必须做好各项准备工作，包括心理方面的准备和物质方面的准备两部分。

任务 1　客房清扫心理方面的准备

任务目标

1. 掌握客房清扫的规定。
2. 掌握客房清扫的基本方法。
3. 熟悉客房的基本房态及简写。
4. 能按客房清扫的规定和方法清扫房间。
5. 能按活动要求填写评价表。
6. 能主动学习，善于与他人合作，培养综合能力。

课时安排

6课时

任务描述

一位香港客人下榻某饭店。中午，他气冲冲地找到大堂经理投诉，说客房服务员清扫房间时，将他的一副价值5000港币的假牙弄丢了，要求饭店赔偿。原来，客人头天晚上把假牙取下来放在卫生间的水杯里，客房服务员打扫卫生时，粗心大意，随手将水杯中的水和泡在水中的假牙倒进了马桶。客房服务员错在哪里？

任务分析

饭店的服务工作有严格的服务程序和规范，这些服务程序和规范是保证饭店服务质量和消除各种隐患的前提，所有服务员都必须严格遵守。

任务实施

根据班级人数，将学生分为4~6人一组。以小组为单位认真阅读任务描述，获取信息，进行分析，掌握客房清扫的规定和客房清扫的基本方法，熟悉客房的基本房态。

一、客房清扫的规定

客房一旦出租，客人就对房间拥有居住权和使用权，任何服务员都不得擅自进入客人房间，且必须遵守相应的规定。

1. 清洁整理以不干扰客人为准

例行的客房大清扫工作，一般应在客人不在房间时进行；客人在房间时，必须征得客人同意后方可进行，以不干扰客人的活动为准。

2. 养成进房前先思索的习惯

客房服务员的主要任务是让客人住得舒适、安宁，像在家里一样方便。因此，服务员在进房前，要尽量替住客着想，揣摩客人的生活习惯，不要因清洁卫生工作或其他事情干扰了客人的休息和起居。同时，还应想一想是否还有其他事情要做。例如，客人在房间里用了早餐，去整理房间时，就应想到顺便把托盘带上以便及时收拾餐具。这样做，既是为客人着想，也减少了不必要的往返路程。

3. 进门前观察房门

凡在把手上挂有"请勿打扰"（DND）牌子或房门墙边亮"请勿打扰"指示灯，不要敲门进房。如果到了下午两点以后，仍未见客人离开房间或房内毫无声响，则打电话或敲门与客人联系。若仍无反应，经同意后，用钥匙打开房门，以免发生意外。

4. 养成进房前先敲门通报的习惯

每个饭店的员工都应养成进房前先敲门通报，待客人允许后再进入房间的习惯。敲门通报、进入房间的具体步骤：

(1) 观察门外情况。首先检查一下房门是否挂着"请勿打扰"牌或上"双锁"。

(2) 第一次敲门。站在客房门前正中约 1 米远处，不要靠门太近，脸正对"猫眼"即门窥镜，双目平视"猫眼"。用食指或中指轻轻敲门三下，敲门应有节奏，轻重适度，并报称"客房服务员"。也可用按门铃代替敲门。

(3) 第二次敲门。第一次敲门或按门铃后，等待 3~5 秒，重复以上程序一遍。

(4) 确认房内无人或房内无动静后，使用钥匙将门轻轻打开三分之一，再次报明自己的身份。

(5) 在房间工作时，房间门要打开，用制门器或门吸将门定住。用工作车挡住房门，以防他人进入。

5. 养成开门作业的习惯

在房内作业时，必须将房门打开，用顶门器把门支好。如果客人不在房内，应用工作车将房门挡住。

6. 讲究职业道德，尊重客人的生活习惯

(1) 保持良好的精神状态，吃苦耐劳，保证应有的工作效率。

(2) 不得将客用布件作为清洁擦洗的用具。

(3) 不得使用或接听客房内的电话，以免发生误会或引起不必要的麻烦。

(4) 不得乱动客人的东西。

(5) 不得享用客房内的设施设备，不得在客房内休息。

(6) 不得让闲杂人等进入客房。如果客人中途回房休息，服务员也要礼貌地查验住宿凭证核实身份。

(7) 如果客人在房内，除了必要的招呼和问候外一般不主动与客人闲谈。

(8) 注意了解客人的习惯和要求。保护客人的隐私，满足客人的合理要求。

(9) 完成工作后即离开客房，不得在客房内滞留。

(10) 服务人员只能使用工作电梯。

7. 厉行节约，注意环境保护

(1) 尽可能使用利于环境保护的清洁剂和清洁用品。

(2) 在保证客房清洁整理质量的前提下，尽量节约水、电及其他资源。

(3) 将废纸、有机废弃物、金属塑料废物分类处理，回收旧报纸、易拉罐、玻璃瓶和废电池。

(4) 清洁保养以保养为首，减少清洁剂对物品的损伤。

二、客房清扫的基本方法

1. 从上到下

在擦洗卫生间和用抹布擦拭物品的灰尘时，应采取从上到下的方法进行。

2. 从里到外

在地毯吸尘和擦拭卫生间及清理里外结构的家具设备时应采取从里到外的方法进行。

3. 环形清理

在擦拭和检查卫生间、卧室的设备用品的路线上，应按顺时针或逆时针的路线进行，以避免遗漏死角，并节省体力。

4. 干湿分开

在擦拭不同的家具设备及物品时，抹布应干湿分开、区别使用。例如，房间的灯具、电视机屏幕、床头板等只能使用干抹布，以避免发生危险和污染墙纸。

5. 先卧室后卫生间

住客房应按先卧室后卫生间的顺序清洁卫生，这是因为住客房的客人有可能回来，甚至带来亲友或访客。先将客房的卧室整理好，客人归来既有了安身之处，卧室外观也整洁，当着访客的面也不会尴尬；对服务员来说，这时留下来做卫生间也不会有干扰之嫌。

整理走客房则可先卫生间后卧室。一方面可以让弹簧床垫和床品等透气，达到保养的目的；另一方面又无须担忧会有客人突然闯进来。

6. 注意墙角

墙角往往是蜘蛛结网和尘土积存之处，也是客人重视的地方，需要特别留意打扫。

三、客房的状态

客房服务员应了解和掌握的基本房态主要有以下几种：

1. OCC（Occupied）住人房：表示客人正在住用的房间。

2. C/O（Check out）走客房：表示客人已经结账并离开的房间。

3. V（Vacant）空房：表示昨日暂时无人租用的房间。

4. VIP（Very Important Person）贵宾房：表示该客房住客是饭店的重要客人。

5. OOO（Out Of Order）待修房：表示某些设备不能正常使用、不能出售的房间。

6. ED（Expected Departure）预退房：表示该住客在当天中午 12:00 以前退房，但现在还未退房的房间。

7. NS（No Smoking）无烟房：表示禁止吸烟的房间。

8. S/O（Slept Out）外宿房：表示该客房已被租用，但住客昨夜未归，为防止发生逃账等意外情况，楼层应将此种客房登记。

9. LSG（Long staying guest）常住房：表示该客房长期有客人包租的房间，又称

"长包房"。

10. DND（Do Not Disturb）请勿打扰：表示因睡眠或其他原因不愿意服务员打扰的房间。

11. MUR（Make Up Room）请即打扫：表示因会客或其他原因要求服务员立即清扫的房间。

12. RS 或 NNS（Refuse Service/No Need Service）拒绝服务：表示不需要服务员提供服务。

任务评价

客房清扫心理方面的准备工作评价表

第_____组　　组长

评价内容	分值/分	自我评价	小组评价
说出五种以上客房清扫的规定	40		
演示客房清扫的不同方法	30		
熟练连线房态中英文缩写	30		

知识链接

客房的清洁卫生质量标准

客房的清洁卫生质量标准，一般来说包括两个方面：一是感官标准，即客人和员工凭视觉、嗅觉等感觉器官感受到的标准；二是生化标准，即防止生物、化学及放射性物质污染的标准，往往由专业卫生防疫人员来作定期或临时抽样检测与检验。

一、感官标准

关于感官标准，不少饭店将其规定为"十无"和"六净"。

1. 十无

主要包括：①四壁无灰尘、蜘蛛网；②地面无杂物、纸屑、果皮；③床单、被套、枕套表面无污迹和破损；④卫生间整洁，无异味、毛发、水迹和皂迹；⑤金属把手无污锈；⑥家具无污渍；⑦灯具无灰尘、破损；⑧茶具、冷水具无污痕；⑨楼面整洁，无"六害"（老鼠、蚊子、苍蝇、蟑螂、臭虫、蚂蚁）；⑩房间卫生无死角。

2. 六净

清扫后的房间要做到：①四壁净；②地面净；③家具净；④床上净；⑤卫

生洁具净；⑥ 物品净。

二、生化标准

1. 茶水具、卫生间洗涤消毒标准

主要包括：① 茶水具：每平方厘米的细菌总数不能超过5个；② 脸盆、浴缸、拖鞋：每平方厘米的细菌总数不能超过500个；③ 卫生间不得查出大肠杆菌群。

2. 空气卫生质量标准

主要包括：① 一氧化碳的含量每立方米不得超过5.5毫克；② 二氧化碳的含量每立方米不得超过0.07%；③ 细菌总数每立方米不得超过2000个；④ 可吸入尘每立方米不得超过0.15毫克；⑤ 氧气含量应不低于21%。新风量不低于18立方米/人·小时，空气清新、无异味。

3. 微小气候质量标准

主要包括：① 夏天：室内适宜温度为22℃~24℃；相对湿度为50%；适宜风速0.1米/秒~0.15米/秒；② 冬天：室内适宜温度为20℃~22℃；相对湿度为40%；适宜风速不得大于0.25米/秒；③ 其他季节：室内适宜温度23℃~25℃；相对湿度为45%；适宜风速为0.15米/秒~0.2米/秒。

一般来说，室内温度差以保持在10℃以内为妥。

4. 采光照明质量标准

主要包括：① 客房室内照明度为50~100勒克司；② 楼梯、楼道照明度不得低于25勒克司。

5. 饮用水

主要包括：① 客房饮用水要求水质透明、无色、无异味和异物，不含病原微生物和寄生虫卵；② 每毫升水中细菌总数不超过110个，大肠菌群不超过5个；③ 经加氯消毒完全接触30分钟后，游离余氯每升不超过0.2毫克。

6. 环境噪声允许值

客房内噪声允许不得超过40分贝以上，走廊噪音不超过45分贝，客房附近基本无噪音源。

技能训练

学生分组，进行敲门通报进入客房的模拟训练。

任务 2　客房清扫前的准备工作

任务目标

1. 掌握客房清扫前的准备工作内容。
2. 能独立准备房务工作车。
3. 能灵活调整客房的清扫顺序。
4. 能按活动要求填写评价表。
5. 能主动学习，善于与他人合作，培养综合能力。

课时安排

6 课时

任务描述

王丽到客房部实习已经两个星期了，今天师傅让她独立清扫 6 间客房。她担心自己离开师傅的指点不能按时按质完成任务。

任务分析

王丽要想保证客房清扫的质量，提高工作效率，首先要做好清扫前的准备工作，包括到岗前的准备和到岗后的准备。

任务实施

根据班级人数，将学生分为 4~6 人一组。以小组为单位认真阅读任务描述，获取信息，进行分析，掌握客房清扫前需要做的准备工作，为客房清扫打好基础。

一、到岗前的准备工作

服务员进入楼层之前，通常需要做好下列几项工作：

（一）更衣

客房服务员来到饭店后，首先必须到服务员更衣室更衣。

（二）接受检查

客房服务员更衣后到规定的地方，需接受值班经理或主管的检查。

（三）签到

签到的方式包括机器打卡和到房务中心签字报到。

（四）接受任务

服务员签到后，值班经理或主管给每位服务员分配具体的工作任务，包括书面和口头两种。给客房服务员分配任务主要是用书面形式，通常是给每位服务员一张工作单。填好的工作单经值班经理或主管检查后发给有关服务员。

（五）领取钥匙和呼叫机

服务员要在离开房务中心之前领取所在楼层的工作钥匙和呼叫机等，并做好签收。

（六）进入楼层

客房服务员在领取钥匙后即可进入各自负责的客房区域。进入楼层必须乘工作电梯或通过楼梯步行，不得乘客用电梯。

二、到岗后的准备工作

服务员进入楼层后，除了要做好相关工作外，还要为清洁整理客房做必要的准备。具体内容有：

（一）准备房务工作车

服务员首先要按要求准备好房务工作车。房务工作车的准备步骤如下：

1. 清洁工作车

在工作间将空置的工作车用湿抹布内外擦拭干净，并检查房务工作车有无损坏。

2. 挂好垃圾袋和布件袋

将干净的垃圾袋和布件袋挂在车钩上。要把袋钩或袋扣挂紧，以确保各袋有足够的支撑力以放置垃圾和脏布件。

3. 放置干净布件

将干净的布件放在车架中。通常，床单、被套、枕套、放在工作车的最下格。浴巾、面巾、方巾和地巾等放在上面的两格。

4. 放置房间用品

将房间用品整齐地摆放在工作车顶架上。房间用品包括经过消毒的茶杯、冷水杯、杯垫、卫生卷纸、香皂、沐浴液、洗发液、浴帽、面巾纸、烟灰缸、信封、信纸、圆珠笔、铅笔、洗衣单、宾客意见表、便笺纸、服务指南、一次性拖鞋、擦鞋器、火柴等。有些饭店还为豪华套间和总统套间配备化妆品和其他高档用品。上述房间用品都应有其固定的位置,且必须摆放整齐。

5. 准备好清洁桶

将塑料清洁桶放置在工作车底层的外侧,内放玻璃水等清洁剂及百洁布、浴缸刷、长柄刷、玻璃刮刀、水瓢、胶皮手套等清洁用具。

6. 准备好干净的抹布

抹布的使用一定要注意:将房间内的抹布和卫生间的抹布分开;将清洁便器的抹布与清洁脸盆和浴缸的抹布分开;将抹地布同其他抹布分开。一般可采用不同颜色毛巾边来区别。抹布一定要干净、卫生和经过消毒。

(二) 准备吸尘器

清扫员要检查吸尘器是否清洁,电线及插头是否完好,集尘袋是否倒空或已经更换,附件是否齐全完好。同时,要把电线有序绕好,不可散乱。

(三) 了解、核实房态

清扫员在清扫整理客房前,必须了解和核实每间客房的状况,包括住客和总台的特殊要求,以便合理安排客房的清扫顺序,确定清扫整理的标准。了解、核实客房状况的主要办法是查看清洁工作日报表和实地查房。通常工作表上已经标明每间客房的状况,服务员只要看工作表就可以了解,但是,由于客房状况是经常不断地变化的,清扫员还是应该到实地去核实,这样既能掌握准确的客房状况,又能了解客人的一些特殊要求,如"请即打扫"、"请勿打扰"等。

(四) 确定客房清扫的顺序

服务员在确定客房清扫顺序时,应考虑以下几点:一是满足住客的需要;二是有利于客房的销售;三是方便工作以提高效率;四是有利于客房设备用品的维护保养。由于要综合考虑以上四点,客房清扫整理的顺序也就没有绝对的标准,往往是根据具体情况进行灵活调整。一般情况下,可以参考下列安排顺序:

1. "请即打扫"房,即客房门外显示有"请即打扫"的房间或客人口头上要求尽快打扫的房间

2. 总台或领班指示打扫的房间

3. VIP 房间

4. 走客房

5. 普通住客房

6. 空房

7. 长住房应与客人协商，定时打扫

任务评价

客房清扫前的准备工作评价表

第____组　　组长

评价内容	分值/分	自我评价	小组评价
准备房务工作车	40		
准备吸尘器	20		
了解核实房态	20		
确定客房清扫顺序	20		

同步案例

规范服务救客人性命

上午，烟台中心大酒店客房服务员小王像往常一样开始了一天的清扫工作。几次查看201房间，都显示"请勿打扰（DND）"标志。下午2点以后，小王发现201房间仍显示"DND"标志，就按照饭店规定，先打电话到客人房间询问，但电话始终无人接听。小王及时将情况报告给领班，并到201房间敲门。敲门后，里面没有应答，却隐约听到有动静。再次敲门后，听到里面有断续的呻吟声。"我是客房服务员。请问需要帮助吗？"小王问道。房间里面开始有了声响，客人却不开门。领班于是用工作钥匙将房门打开，结果大吃一惊，房间里很杂乱，墙上、床上、地毯上都是血迹，客人躺在地上，脸色苍白，一只手握着另外一只手的手腕，看得出他已流血过多，没有力气了。卫生间里有砸坏了的玻璃杯，镜子上、毛巾上也有血迹。领班立即与医务室联系，请医生马上过来救助，同时向经理做了汇报。经初步判断，客人可能是割腕自杀。经过医院的急救，该客人获救。

案例点评

此案例中，客房服务员小王从一开始就按饭店的规定，不折不扣地执行了关于"DND"房间的服务规范，及时发现了客人的自杀行为，挽救了客人的性命。这也是该饭店客房部一直坚持对员工进行培训、教育、管理的结果。

技能训练

学生分组，进行房务工作车准备的模拟训练。

项目三 铺床

铺床又称做床,是客房服务员利用客房规定的床上用品按照流程及标准,为住客做出舒适温馨的睡床的服务工作,是客房服务员必须掌握的基本技能之一。能熟练地铺床,对提高客房清扫效率、节省清扫时间起到关键性的作用。

任务1 中式铺床

任务目标

1. 了解什么是中式铺床。
2. 熟悉中式铺床床上用品的种类。
3. 掌握中式铺床的程序。
4. 掌握中式铺床的操作要领。
5. 能在规定时间内保质保量地完成中式铺床操作。
6. 能按活动要求填写评价表。
7. 能主动学习,熟练掌握操作技能,有竞争意识。

课时安排

20课时

任务描述

王丽和师傅正在员工餐厅用午饭,突然接到服务中心急呼,师傅负责的楼层

501房客人刚退房,因房态紧张,该房已出租,新客人即将到店,要他们去赶房。他们立即赶回房间。师傅分配了任务,她自己负责清洗卫生间、抹尘等工作,要王丽负责做床。王丽很麻利地铺好两张单人床,15分钟后,几乎在他们清洁完客房、退出房间的同时,行李员带着客人来到了楼层,他们快速及时的工作避免了一场可能发生的投诉。

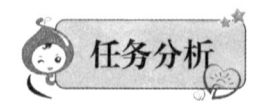

任务分析

王丽和师傅及时完成了工作任务,让客人住上干净、舒适的房间,王丽高速度、高质量的铺床起了关键作用。她是按照怎样的程序又是经过了多长时间的练习才做到的呢?

任务实施

根据班级人数,将学生分为4~6人一组。以小组为单位认真阅读任务描述,获取信息,进行分析,掌握中式铺床程序,并能熟练操作。

一、中式铺床的主要床上物品

中式铺床是按照我国传统的风俗习惯来整理床铺。近年来,中式铺床悄然兴起,它以其简洁、方便、卫生而受到宾馆及客人的喜爱。

中式铺床的主要床上物品包括:

席梦思保护垫(即防尘垫)1张、床单1张、薄棉被1条、被套1个、枕套2个、枕芯2个、装饰带1条(有些饭店还配有靠垫1个)。

二、中式铺床的操作程序

(一)将床拉出

屈膝下蹲,用手将床架连带床垫慢慢拉出40~50厘米。

(二)摆正防尘床垫

摆正防尘床垫并检查是否清洁,有如污渍,应立即更换。检查松紧带是否脱落。

(三)铺床单

1. 甩单:站在床头抖单后甩单,力求一次到位。

2. 定位:使床单折叠线居中,床单正面朝上。

3. 包角:依顺时针或逆时针顺次包好四个角,内斜角为45°,外直角为90°。包角要平直、一致、均匀,床单四周紧密。在包角时将床单的四边顺势塞入床垫下面夹缝中。

（四）套被套、铺被子

1. 将被套一次打开平铺在床上。

2. 将被芯压入被套内，做有序套被操作。

3. 紧握住被芯部分的两角，用力抖动，使被芯完全展开，被套四角饱满。

4. 调整被套位置，使棉被床头部分与床垫床头部分齐平，棉被的中线位于床垫的中心线。

5. 将棉被床头部分翻折45厘米。

6. 将被套开口处封好。

（五）套枕套

1. 装芯：将枕芯竖着折叠为二；右手持前端三分之一处，左手持枕套向里放置至顶端；松手放平枕芯；提起末端让枕头滑入后包好枕芯，并横拎起枕套的两角，使枕头饱满。

2. 将枕套的开口端封好。

（六）放枕头

将枕头放在床头的正中，与床头平齐。对于单人床，将枕套口对墙；双人床则枕套口相对；两张单人床，枕套口反向于床头柜。

（七）放床尾装饰带和靠垫

中式铺床通常配备有床尾装饰带及靠垫，以增加色彩和美观度，同时靠垫还提升客人就寝看书或看电视时的舒适度。按要求放置床尾带及靠垫，注意床尾带两边应与地面等长，自然下垂，靠垫一般放在枕头前。

（八）将床推回原位

1. 用腿部力量将床身缓缓推回原位。

2. 再一次检查并整理床面，使其整齐美观，并保持床尾带的自然下垂和整齐。

任务评价

中式铺床评价表

第____组   组长

评价内容	分值/分	自我评价	小组评价
将床拉到容易操作位置	5		
铺床单	30		
套被套	40		
套枕头	20		
将床退回原位	5		

知识链接

如何撤床？

在一般情况下，撤床的操作程序参照"一拉三撤一收"原则：

一、一拉

一拉即拉床。下蹲，重心前倾，用力拉床，使床离开床头板40~50cm。

二、三撤

撤下枕头套。左手捏住枕套封口一角，右手探入枕套把枕芯轻轻拉出，注意不要翻转，不要猛拉以防撕裂枕套。

撤被套。将被套拉出，注意动作要轻。

撤下床单。从床褥与床架的夹缝中逐一拉出，动作要轻，同时检查床垫是否清洁。

三、一收

收取用过的床单、被套、枕套，点清数量，卷好后放入房务工作车。

技能训练

学生分组，进行中式铺床分项训练。

项目四　走客房的清扫

走客房清扫是指客房服务员对已经结账退房的房间进行彻底清洁整理，为新客人入住做好准备的服务工作。通过服务员的清扫，应给客人创造整洁舒适、温馨安静的休息环境，保证客人称心入住，给新客人留下美好印象。

任务 1　卧室的清扫

任务目标

1. 掌握走客房卧室的清扫程序。
2. 能独立完成走客房卧室的清扫并能达到饭店规定的质量标准。
3. 能处理走客房卧室清扫过程中的突发问题。
4. 能按活动要求填写评价表。
5. 能主动学习，熟练掌握操作技能，培养应变能力。

课时安排

10 课时

任务描述

上午 9 点，客房服务员王丽刚清洁完一间住客房，这时接到领班通知，118 房间客人退房，请她立即查房并清洁，一对老夫妇由于提前到达，现正在前台等待。在确认房间内无异常情况后，及时报告前台并着手客房的清洁工作。她首先打开了房间的窗户，以通风换气，接着快速麻利地将房间内的客用品及垃圾一一撤出，6分钟，两张床铺已经整理完成……25分钟后，两位疲惫的老人到达楼层，进入干净、卫生、舒适的房间休息。

任务分析

王丽接到退房通知后立即查房并及时清洁房间，满足了客人的入住需求。她能顺利完成任务，主要是因为正确掌握了客房的清扫程序和标准，并且具有熟练的客房清扫技能，如果今天当班的是你，你能既快速又高质量地完成任务吗？

任务实施

根据班级人数，将学生分为4~6人一组。以小组为单位认真阅读任务描述，获取信息，进行分析，掌握走客房卧室清扫的程序并能熟练操作。

一、走客房清扫的基本要求

当天结账离店的客房称为走客房。走客房一般要求当日完成清扫工作，对于客情紧张时，客房服务员通常需要在客人退房后的第一时间就进行清扫，以利于前厅部对该客房的销售，也方便下一位宾客的入住。

1. 客房服务员接到通知后，应尽快对客房进行彻底的打扫，以保证客房的正常出租。

2. 进入房间以后，应检查房内是否有客人遗留的物品，房间的设备和家具有无损坏或丢失。如发现以上情况，应立即报告领班，并进行登记。

3. 撤换茶水具，并严格洗涤消毒。

4. 对卫生间各个部门进行严格的洗涤消毒。

5. 客房清扫合格后，立即通知总台，并及时通报为OK房，以便总台及时出租。

二、走客房卧室清扫的程序

卧室清扫程序可以用"十字诀"来概括：

1. "开"

（1）开门：按规定的程序开门。

（2）开窗帘、开窗户：拉开窗帘时应检查是否有脱钩和损坏情况，打开窗户以保持房间通风。

（3）开空调：开启空调并加大风量，保证室内空气的清新，同时检查空调开关是否正常。

2."清"

（1）将房内的垃圾桶及烟缸内的垃圾拿出倒掉前，应检查一下垃圾桶内是否有文件资料或有价值的物品，烟缸内是否有未熄灭的烟头。

（2）清洁垃圾桶和烟缸，确保垃圾桶及烟缸干净无污迹。

3."撤"

（1）撤走房内用餐的桌、盘、杯、碟等。

（2）撤走用过的茶水具、玻璃杯。

（3）撤走用过的床单、枕套、被套等，把脏布件放进工作车的布件袋内。注意不要把布件扔在毛毯或楼面走道上。收走脏布件后，带入相应的干净布件，放置在椅子上。

4."做"

做床。参照前面"中式铺床"的步骤进行。

5."擦"

从房门开始，按环形路线依次把房间各种家具、用品抹干净，不漏擦。在除尘中注意需要补充的客用品和宣传品数量，同时检查设备是否正常，并注意擦拭墙角线。擦拭顺序如下：

（1）房门：房门应从上到下、由内而外抹净；把窥视镜、防火通道图擦干净；看门锁是否灵活；看"请勿打扰"牌、"早餐"牌有无污迹。

（2）风口和走廊灯一般需定期擦拭。擦走廊灯时应注意用干抹布。

（3）壁柜：擦拭壁柜要仔细，要把整个壁柜擦净。抹净衣架、挂衣棍，检查衣架、衣刷和鞋拔子是否齐全。

（4）酒柜：擦净酒柜内外，同时检查冰箱运转是否正常，温度是否适当，并记住需补充的物品。

（5）行李架（柜）：擦净行李架（柜）内外，包括挡板。

（6）写字台、化妆台：

① 擦拭写字台抽屉，应逐个拉开擦。如果抽屉仅有浮尘，则可用干抹布"干擦"，同时检查洗衣袋、洗衣单及礼品袋（手拎袋）有无短缺。

② 从上到下擦净镜框、台面、梳妆凳，注意对桌脚和凳角的擦拭，可用半湿抹布除尘。

③ 擦拭梳妆镜面要准备一块湿润的抹布和一块干的抹布，先用湿布擦拭，再用干布擦净。操作时要小心和注意安全。擦拭完毕，站在镜子侧面检查，镜面不得有布毛、手印和灰尘等。

④ 擦拭台灯和镜灯时，应用干布，切勿用湿布抹尘。如果台灯线露在写字台外

围，要将其收好，尽量隐蔽起来，灯罩接缝朝墙。

⑤ 检查写字台物品及服务夹内物品，如有短缺或破旧，应添补或调换。如有台历，应注意日期的翻新。

（7）电视机：用干抹布擦净电视外壳和底座的灰尘，然后打开开关，检查电视机有无图像，频道选用是否正确，色彩、亮度是否适度。擦拭时注意应从上到下。

（8）地灯：用干抹布擦净灯泡、灯罩和灯架。注意收拾好电线，将灯罩接缝朝墙。

（9）窗台：先用湿抹布，然后用干抹布擦拭干净。推拉式窗门的滑槽如有沙粒，可用刷子加以清除。最后将玻璃和窗帘左右拉动一遍以确保正常。

（10）沙发、茶几：擦拭沙发时，可用干抹布擦去灰尘，注意经常清理沙发背后与沙发缝隙之间的脏物。先用湿抹布擦去茶几上的污迹，然后用干抹布擦净，保持茶几的光洁度。

（11）床头挡板：用干抹布擦拭床头灯泡、灯罩、灯架和床头挡板，切忌用湿抹布擦拭。擦完床头后，再将床罩整理平整。

（12）床头柜：

① 检查好床头柜各种开关，如发现有故障，立即通知维修。

② 调整好床头柜上的电子钟。

③ 擦拭电话机时，检查电话机有无信号音，然后用湿抹布抹去话筒灰尘及污垢，用医用酒精棉球擦拭电话机。

④ 检查放在床头柜的服务用品是否齐全，是否有污迹或因被宾客用过而需补充。

（13）装饰画：先用湿抹布擦拭画框，然后用干抹布擦拭画面，摆正挂画。如果服务员身高不够，需要借助他物以增高，应注意垫一层干净的抹布或脱鞋操作，防止弄脏他物。

（14）空调开关：用干抹布擦去空调开关的灰尘。

6."查"

检查家具用品有无损坏，设备是否运行正常，配备物品有无短缺，是否有客人遗落物品。为提高效率，可在"擦"的过程中同时进行检查。如发现设施设备有损坏，要及时报告领班报修，并在"客房清洁日报表"的设备状况栏内做好记录。

7."添"（此项工作后进行卫生间的清洁，操作步骤将在走客房卫生间的清扫中详细介绍）

（1）用干净的托盘将已消毒的茶水具、玻璃杯等用具送至房间中，按规定正确摆放。

（2）按照饭店规定的数量和摆放规格添补客用物品和宣传品。要注意更换添补的物品均应无水渍和污迹。

8. "吸"

吸尘。吸尘按地毯表层毛的倾倒方向进行，由里到外，梳妆凳、沙发下、窗帘后、门后均不要遗漏，否则会成为卫生死角。卫生间地面残留的尘埃也可吸净。

9. "关"

（1）关好玻璃窗，拉上纱帘并调整至美观，调整好家具摆件。

（2）关掉所有空调和灯具。

（3）离开客房前要自我检查和回顾一遍是否有漏项和不到位的，如有则及时补做。

（4）撤离所有清扫房间的工具，放回到工作车上。

（5）将房门锁好，离开客房。

10. "登"

每间客房清扫完成后，要认真填写进出客房时的房态和进出的时间，填写客用品使用和补充的数量，以及需要维修的项目和特别注意事项等。

任务评价

走客房卧室的清扫评价表

第____组　　　组长

评价内容	分值/分	自我评价	小组评价
开：开门、开窗、开空调	10		
清：清理垃圾和烟灰缸	10		
撤：撤用过的脏布件、茶水具	10		
做：做床	10		
擦：擦家具、设备的灰尘	10		
查：检查设备、物品及遗留物品	10		
添：添补客用品	10		
吸：吸尘	10		
关（观）：观察效果，关门	10		
登：在工作日报表上登记	10		

同步案例

丢失的遥控器

在烟台某五星级饭店的客房部，实习生小王按客房清扫的顺序来到606房。这是一间走客房，小王打开房间门一看，客人已经把床单揭下，丢在地上。她走上前抱起床单直接扔进工作车的布件袋内，然后继续打扫房间了。到下午4点，领班查房时发现房间少了个遥控器。小王忽然想起曾将丢在地上的床单团成一团，会不会是把遥控器裹在床单里？最后，小王在洗衣房里一堆堆脏床单里，一条条地抖，翻遍了当日收回的床单才找到了遥控器。事后，小王非常后悔当时未按操作规程检查被客人丢在地上的床单。其实只要将床单打开抖一抖就能发现遥控器，也能避免不必要的麻烦。事后，小王主动向领班承认了错误。

案例点评

所有的服务工作都有其严格的服务操作程序和规范。这些服务程序和规范是保证服务质量和消除各种隐患的法规，必须严格遵守。客房服务员在撤床上用品时也应按顺序进行，防止夹带房间和客人的物品，给饭店和客人造成损失。"细微之处见功夫"，养成细心负责的工作态度，认真按服务程序与规范去操作，才能保持饭店较高的服务水准。

技能训练

通过观看视频，学生分组，进行走客房卧室清扫的模拟训练。

任务 2　卫生间的清扫

任务目标

1. 掌握走客房卫生间的清扫程序。
2. 能独立完成走客房卫生间的清扫并达到饭店规定的质量标准。
3. 能处理走客房卫生间清扫过程中的突发问题。

4. 能按活动要求填写评价表。

5. 能主动学习，熟练掌握操作技能，培养应变能力。

课时安排

6 课时

任务描述

旅游旺季时，烟台的饭店客房非常紧缺。上午 8 点，客房服务员王丽刚清洁完一间走客房，又接到领班通知，请她立即清洁 201 退房，由于是旅游旺季，预订 201 房的客人提前到达，现正在前台等待。虽然工作量很大，小王还是按照走客房卫生间的清扫标准和规程做好清洁服务，25 分钟后，客人进入干净、卫生、舒适的房间休息，对饭店的服务非常满意。如果今天当班的是你，你能既快速又高质量地完成任务吗？

任务分析

卫生间是客房中客人最为关注的部分。不少业内人士把它列为饭店规格档次的象征。卫生间不仅要求看上去清洁美观，而且要符合卫生标准。卫生间的清洁干净程度是反映客房清洁卫生水平的重要标志。王丽接到退房通知后立即查房并及时清洁房间，满足了客人的入住需求。她能顺利完成任务，主要是因为正确掌握了客房的清扫程序和标准，并且具有熟练的客房清扫技能。

任务实施

根据班级人数，将学生分为 4~6 人一组。以小组为单位认真阅读任务描述，获取信息，进行分析，掌握走客房卫生间清扫的程序并能熟练操作。

一、清扫准备

根据卫生间清扫的要求准备如下用品：清洁桶，多功能清洁剂，百洁布，手套，马桶刷，抹布，蜡水，抛光剂，消毒水等。

二、卫生间清扫程序

卫生间清扫程序可以用"十字诀"来概括：

1. "开"

打开灯具检查其状态的完好性，开启排气扇检查是否正常工作，提拿工作桶进入卫生间。有的饭店还在卫生间入口放上一块毛毡或小地毯，防止将卫生间的水带入卧室。

2. "冲"

放水冲马桶，将污物冲走，然后在抽水马桶中喷上饭店规定的马桶清洁剂，浸泡10分钟左右，注意不要将清洁剂直接倒在釉面上，否则会损伤马桶的釉面。

3. "收"

取走客人用过的"四巾"，即面巾、浴巾、方巾、地巾，放入清洁车上的布件袋中；收走卫生间用过的消耗品；清理纸篓垃圾；取走客人用过的杯具。

4. "洗"

（1）清洁面盆、化妆台（云台）及镜面

① 用百洁布蘸上清洁剂将台面、面盆清洁，用清水冲洗干净，然后用干净抹布将其擦干。

② 用百洁布蘸少许清洁剂擦除面盆不锈钢件上的皂垢、水斑，然后用干布擦干、擦亮。

③ 清洁面盆下的排水管。

④ 注意将毛巾架、浴巾架、卫生间服务用品的托盘、吹风机、电话副机、卫生纸架等擦净，并检查是否有故障。

⑤ 清洁镜面。可在镜面上喷清洁剂，擦拭后用湿布蘸清水擦净，然后用干抹布擦亮镜子。

（2）清洁浴缸

① 将浴缸旋塞关闭，放少量热水和适量的多功能清洁剂，用百洁布从墙面到浴缸里外彻底清刷；留意对嵌墙皂盒缝隙的清洁，必要时可用牙刷刷净。开启浴缸活塞，打开水龙头，用水将墙面和浴缸污水冲净，此时可将浴帘放入浴缸加以清洁。墙面、浴缸、浴帘用干抹布擦干，以确保浴缸内、浴帘上无毛发、无污迹、无水渍。注意清洁并擦干墙面与浴缸接缝处，以免发霉。

② 浴缸内如放置有橡胶防滑垫，则应视其脏污程度用相应浓度清洁剂刷洗，然后用清水洗净，并擦干。

③ 擦亮五金配件。清洁金属配件时，注意不要使用酸性清洁剂，以免"烧坏"电镀表层。

④ 清洁浴帘杆、晾衣绳盒等，确保无积灰、无水渍，并清洗上面的皂垢、水斑，随即用干抹布擦干、擦亮。

⑤将浴帘拉至约三分之一处。

(3)清洁马桶

①用马桶刷清洁马桶内部并用清水冲净,要注意对抽水马桶的出水孔和入水孔的清刷。

②用清洁剂清洁抽水马桶水箱、座沿盖子的内外及外侧底座等。

③用专门的干布将抽水马桶擦干。

5."擦"

擦干卫生间所有设备和墙面。

6."消"

对卫生间各个部位进行消毒。

7."添"

添补卫生间的用品。按规定的位置和要求摆放好"四巾"和浴皂、香皂、牙具、浴帽、浴液、洗发液、梳子、面巾纸、卫生卷纸及卫生袋等日用品,更换消过毒的漱口杯。

8."刷"

刷洗卫生间地面。从里到外边退边抹净整个卫生间地面。

9."吸"

为了适应住店宾客日益重视卫生间清洁卫生的需求,不少饭店规定在抹净地面后,还特别用吸尘器对地面吸尘,以保证卫生间不留一丝线头、毛发和残渣。

10."关(观)"

环视卫生间和房间,检查是否有漏项和不符合规范的地方。然后关灯,关排气扇,带走所有的清洁工具,关上浴室门,将卫生间门半虚掩。

服务员清扫完客房卫生后,除了对房间清洁进行自查外,楼层领班还要对清洁质量进行检查,主管和经理会进行抽查,以确保客房的清洁卫生状态处于规定的标准。

前厅与客房服务

任务评价

走客房卫生间的清扫评价表

第____组　　组长

评价内容	分值/分	自我评价	小组评价
开：开灯、开换气扇	10		
冲：马桶冲水	10		
收：撤脏的棉织品和垃圾	10		
洗：清洗洗面台、浴缸、马桶	10		
擦：擦干卫生间	10		
消：卫生间消毒	10		
添：添补卫生间用品	10		
刷：刷卫生间地面	10		
吸：卫生间地面吸尘	10		
关（观）：环视检查、关灯	10		

知识链接

你知道吗？

客房卫生间地漏与排水道结合部是一个倒"S"型的管道，可不要小看了这个管道的设置，它叫"存水弯"。有了这个存水弯，地漏与下水道就不是直线联通，而是稍有曲折，其作用是在其弯位内形成一定高度的水柱（一般高50~100mm），该部分存水高度称为水封高度，它能阻止排水管内各种污染气体以及小虫进入室内。如果房间空置太久，使用间歇时间过长，存水弯长时间没有补充水，水封水面不断蒸发就会失去水封的作用，这会造成臭气外溢，所以才需要每天进入空房打开水龙头放水；另外，在旧式的使用镀锌管作为输水管的情况下，长时间不用水也会导致水管生锈，一旦打开水龙头就会有浊黄色的锈水流出，既影响观感，又会在洁具表面形成污渍。

技能训练

通过观看视频，学生分组，进行走客房卫生间清扫的模拟训练。

项目五　住客房的清扫

住客房清扫的程序大致与走客房相同，但住客房由于房间有客人，在清扫过程中要特别注意尊重和保护客人的隐私，需要关注更多的细节，因此比起清扫走客房多了一定的难度。

任务 1　住客房的日常清扫

任务目标

1. 掌握住客房清扫的程序。
2. 掌握住客房清扫时应注意的细节。
3. 能独立完成住客房的清扫并能达到饭店规定的质量标准。
4. 能灵活处理住客房清扫过程中的突发问题。
5. 能按活动要求填写评价表。
6. 能主动学习，熟练掌握操作技能，培养应变能力。

课时安排

6课时

任务描述

上午11点，入住中心饭店的张教授给总台打电话投诉。原来，张教授是来参加一个学术会议的，他今天上午开完会议，回到房间后发现自己放在书桌上的一张纸片不见了，上面记有一个很重要的电话号码。大堂经理接到电话后，立即找负责清扫房间的客房服务员小王了解情况，并全面查找，幸好最后在垃圾桶里找到了。找到后大堂经理亲自和服务员一起送还给张教授，向张教授道歉，并为张教授免费做了服务升级，以消除他的不满。原来，服务员小王以为掉在地上的纸片是客人丢弃不要的。

任务分析

住客房清扫需要服务员多用心，必须按照清扫规范进行工作。小王在清扫整理张教授房间时，若小心谨慎，不随意处理客人的物品，遇到问题及时请示上级，就不会发生此类事件。

任务实施

根据班级人数，将学生分为4~6人一组。以小组为单位认真阅读任务描述，获取信息，进行分析，掌握住客房清洁整理应注意的细节，为客人提供优质的服务。

一、住客房清扫时应注意的事项

1. 清扫时将宾客的文件、杂志、书报稍加整理，但不能弄错位置，更不准翻看。

2. 除放在纸篓里的东西外，即使是放在地上的物品也只能替宾客做简单的整理，千万不要自行处理。

3. 宾客放在床上或搭在椅子上的衣服，如不整齐，可挂在衣柜中。睡衣、内衣应叠放好放在床上。女宾住的房间更需要小心，不要轻易动其衣物。

4. 擦壁柜时，只搞大面卫生即可。注意不要将宾客的衣物弄乱、弄脏。

5. 擦拭行李架时，一般不挪动宾客行李，只擦去浮尘即可。

6. 女性用的化妆品，可稍加整理，但不要挪动位置，即使化妆品用完了，也不得将空瓶或纸盒扔掉。

7. 要特别留意不要随便触摸宾客的照相机、手提电脑、笔记本和钱包等物品。

8. 房间有宾客时，可将空调开到中档，或遵从宾客意见；无人则可开到低档上。

二、住客房清扫的程序

1. 进房

（1）首先检查一下房门是否挂有"请勿打扰"牌或上"双锁"。如显示有"请勿打扰"，则不能敲门，而应将工作车轻轻推走。

(2) 如无显示"请勿打扰",则可敲门。第一次敲门并自报身份后,站在适当的位置,眼望门窥镜便于房内客人观察。若此时客人有回应,则立即征求客人意见是否进行客房清扫。如客人不同意清扫,则向客人表示道歉"对不起,小姐/先生,打扰了",并轻轻离开或视情况征询客人何时打扫方便。把客人指定的时间记在工作表上,以免遗忘。如客人允许,则在房门口等候客人开门。

(3) 第一次敲门后服务员应静等5秒,若房内无反应,则进行第二次敲门,并再次等待。两次敲门后,如房内无动静,可开门进房。使用钥匙轻轻将门打开三分之一,再次报明自己的身份。注意观察房内情况,不要猛烈推门。若发现客人仍在睡觉,就立刻退出,轻轻关上房门;若客人已醒但未起床,服务员应马上说:"早上好!小姐/先生,对不起,打扰了",而后立即退出房间,不要过多解释,以免造成客人不便;若客人已起床,应礼貌地向客人说,"早上好!小姐/先生,请问现在可以打扫房间吗?"如客人同意,按客人意见或要求去做,若客人不同意则向其道歉后征询打扫时间,并做好相关记录。

(4) 在房间工作时,房间门要打开,用制门器或门吸将门定住。如果客人在房间,工作车只挡住房门三分之一,以方便客人进出;如果客人不在房间,用工作车挡住房门。

2. 调节空调开关

如客人在房内,就不要去动空调开关。若房内有异味,必要时可喷空气清新剂,但如房内有客人则要经其同意方可进行。

3. 拉开窗帘,打开窗户、换气扇

如果客人在房间内,应征得其同意,再拉开窗帘、打开窗户。

4. 收拾垃圾和整理器皿

如发现客人已填好洗衣单,则将宾客要洗的衣服放置洗衣袋内,并打电话告知房务中心收取客衣。

5. 整理床铺

6. 除尘、检查设备

7. 清洁卫生间

8. 更换茶具

凡是客人用过的茶水具、凉开水具都要更换。撤换时要使用小托盘。在拿取用过的茶具时,要注意其是否与下面的垫碟粘连,以免拿取时掉落损坏。更换水杯和口杯时,手指不要伸入到杯子内侧抓取,而要拿杯子的底部,将水杯、口杯的口向上,并按饭店规定套好"已消毒"的纸袋。

9. 增补用品

10. 吸尘

11. 环视检查，离开房间

如果宾客在房间，服务员要向宾客表示谢意，然后退后一步，再转身离开房间，轻轻将房门关上。

12. 填写工作表

退出房间后，在工作表上记录客房清扫的相关情况，内容要详细，时间要准确。填写客用品使用与补充数量，各类易耗品、纸制品及棉织品的消耗情况；填写需要维修的项目和特别注意的事项；在报表其余各栏中写明相应的内容。

任务评价

住客房的日常清扫评价表

第____组 组长			
评价内容	分值/分	自我评价	小组评价
进房	5		
调节空调开关	5		
拉开窗帘，打开窗户、换气扇	5		
收拾垃圾和整理器皿	10		
整理床铺	10		
除尘、检查设备	10		
清洁卫生间	10		
更换茶具	15		
增补用品	10		
吸尘	10		
环视检查、离开房间	5		
填写工作表	5		

知识链接

客房日常清扫中常见问题的处理

1. 如果两间房同时挂着"请即打扫"牌，而此时只有一名服务员时怎么办？

（1）客房服务员应首先弄清两间房客人是否都在房内。

（2）如果不在，按顺序及时整理。

（3）如都在，询问客人意见，哪一间更急，哪一间先整理，同时要谢谢客人的合作。

（4）如一间房客人在，一间不在，客人在的房间先整理。

（5）如果两间房客人都需要马上整理，及时通知领班调整人手。

2. 当新客已到，而房间尚未清理好时怎么办？

（1）向客人表示歉意。

（2）礼貌地向客人做解释。

（3）向客人表示立即将房间整理好。

（4）帮助客人先将行李放在房内，然后请客人到大堂稍作休息。

（5）房间整理好后，立即通知客人。

3. 客人中午回房后发现房间还没整理好，强烈表示不满，怎么办？

（1）向客人道歉。

（2）同时做适当的解释。

（3）征求客人意见是否可以马上整理房间。

（4）做好记录，以提醒第二天提早整理该房间。

4. 客房整理过程中，服务员不小心弄坏了客人的东西时怎么办？

（1）应向上级反映，主动向客人赔礼道歉，承认自己的过失。

（2）如损坏的物品比较贵重，部门经理还应亲自向客人赔礼道歉并征求客人的意见。

（3）客人如要求赔偿，则应酌情考虑。

5. 整理房间时发现房间有大量现金或贵重物品怎么办？

（1）如为住客房，应及时报告客房服务中心，听从指令，尽可能避免多次进房。

（2）如果是走客房或者空房，应及时通知当值主管到场处理。

6. 客人向你反映房间设备无法使用，怎么办？

（1）首先应立即到房中实地检查。

（2）如是客人不会使用，应主动向客人介绍使用方法。

（3）如属设备故障问题，应向客人道歉。

(4) 征得客人同意后,马上通知维修人员进房维修。

(5) 维修完毕,还应询问客人对修理结果是否满意。

7. 如果客人反映床单不干净,需要更换,怎么办?

(1) 向客人道歉。

(2) 入房查看。

(3) 不管床单是否干净,均应及时更换。

(4) 将此情况向领班报告。

8. 整理房间时发现客房物品丢失,怎么办?

(1) 立即报告领班。

(2) 检查是否已按标准配备齐全。

(3) 了解客人是否有同行住在饭店(因客人有可能将物品放在其同行客人房内)。

(4) 遇到客人的同行,应礼貌地向其询问。

(5) 如确实是客人方面原因造成的物品丢失,则应报告大堂副理,由大堂副理出面向客人提出索赔。

(6) 索赔后及时补充物品。

(7) 做好记录。

技能训练

学生分组,进行住客房清扫的模拟训练。

任务 2　夜床服务

任务目标

1. 了解夜床服务的意义。

2. 掌握夜床服务的内容。

3. 能根据不同客人的特点开夜床。

4. 能独立完成夜床服务并能达到饭店规定的质量标准。

5. 能处理夜床服务过程中的突发问题。

6. 能按活动要求填写评价表。

7. 能主动学习，熟练掌握操作技能，培养应变能力。

课时安排

6 课时

任务描述

入住 808 标准间的杨先生晚上 8 点吃完饭回到饭店，打开房门后，发现夜床已经做好了。由于该房间是杨先生一个人居住，服务员按规范为他开了靠卫生间的那张床，被角已经折好。杨先生就顺势躺在床上看电视，但因为电视的屏幕斜对着自己，感觉很不舒服，于是就换到靠窗的床上看电视入眠。第二天晚上，杨先生回到房间，发现服务员这次为他开的是靠窗的那张床，满意地笑了。

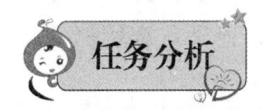

任务分析

晚间整理服务又称夜床服务，是饭店为客人提供的一种寝前整理，高星级饭店一般都提供此项服务，是一种高雅而亲切的对客服务形式。夜床服务能体现饭店的客房服务水平，使客人感到舒适温馨，有家的感觉。杨先生之所以对饭店的服务很满意，除了干净舒适的入住环境，还在于饭店服务员细心体贴的服务。

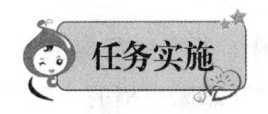

任务实施

根据班级人数，将学生分为 4~6 人一组。以小组为单位认真阅读任务描述，获取信息，进行分析，掌握夜床服务的程序及服务细节，为客人提供优质的服务。

一、夜床服务的意义

1. 做夜床方便客人休息
2. 整理环境，使客人感到舒适温馨
3. 表示对客人的欢迎和礼遇规格

二、夜床服务的程序

夜床服务主要包括三项工作，即卧室整理、开夜床和卫生间整理。

近年来，不少饭店在做夜床服务时，还为客人提供温馨的小礼品，以祝客人晚安，受到了宾客的欢迎和好评。夜床服务的程序如下：

1. 准备工作

（1）检查工作车上的客用易耗品及工具是否齐全，并将工作车放于客房门口。

（2）准备好各类表格及 VIP 特殊用品（如鲜花、糖果等）。

2. 进入房间

敲门或按门铃，通报自己的身份和目的。如宾客在房间，应征得宾客同意方能进房，在工作表上记录好进房时间。

3. 开灯并检查灯具

检查所有照明设备是否正常，若发现较暗或者坏的灯泡应及时报修或更换。检查床头灯是否可调节亮度，并将床头灯调节至微光照明状态。

4. 开空调、拉上窗帘

将空调调节开关调到指定位置的温度；轻轻拉上遮光窗帘和二道窗帘。

5. 查补食品

看冰箱、酒篮内饮料酒水等食品有无消费。若有消费，则开账单，将所开账单的宾客联放在小酒吧台面上，并及时补充相应食品。在工作表上记录宾客所消费的食品及补充的食品。

6. 开夜床

（1）将靠近床头一边的被子向外折成 45°角。

（2）拍松枕头并将其摆正，如有睡衣应叠好放于枕头上。

（3）按饭店规定在床头或枕头或被子折角上放上夜床服务配备物品，如鲜花、晚安卡、早餐牌或小礼品等。

（4）双人间住一人时，以床头柜为准，开靠近浴室的一张床，折角应朝向卫生间；大床间睡两人时，可两边都开；两人住双人间时，则可各自开靠床头柜的一侧，也可以同方向开。

（5）饭店如果规定有一次性拖鞋，则在开夜床折口处地上摆放好拖鞋。

7. 整理房间

（1）清理烟灰缸，清理垃圾桶内的垃圾。

（2）简单清洁整理桌面、床头柜、茶几。

（3）更换用过的茶具，增添饮用水。

（4）放入饭店提供的礼品。

8. 整理卫生间

（1）清洗更换用过的烟灰缸，清理浴室内垃圾。

（2）更换或整理用过的浴巾、面巾、小方巾、地巾。

（3）面盆及浴缸如客人用过，应重新擦洗干净。

（4）将地巾放在浴缸外侧的地面或淋浴房门外的地面上。

（5）将浴缸专用防滑垫平铺在浴缸底部，距浴缸排水口活塞约5~10厘米。

（6）把浴帘放入浴缸内侧并拉出，遮住浴缸的三分之一。

（7）检查卫生纸是否需要补充，将卷筒纸撕纸端按要求整理折叠成三角形状。

9. 环视检查

（1）环视一遍房间及卫生间，检查有无不妥之处或细节不到位之处。

（2）除夜灯和走廊灯外，关掉其他的灯并关上房门。

（3）若客人在房间内，则不要关灯，征询宾客是否需要提供其他服务，向宾客表示歉意，祝客人晚安，躬身面对客人后退三步，道别后转身轻轻关上房门，离开房间。

任务评价

夜床服务程序评价表

第____组   组长

评价内容	分值/分	自我评价	小组评价
进入房间	10		
开灯拉窗帘	10		
房间整理	25		
开夜床	20		
卫生间整理	25		
离开房间	10		

知识链接

空房清扫的程序

空房是客人离开饭店后已经清扫、目前尚未出租的房间。空房的清洁整理虽然较为简单，但必须每天进行，以保持其良好的状况，方便客人随时入住。空房清扫的程序如下：

1. 进房、开窗换气

按程序每天进房开窗、开空调，通风换气。

2. 擦拭浮尘

用干抹布除去家具、设备及物品上的浮尘。

3. 卫生间防水、抹尘

卫生间马桶放水，地漏冲水排异味，抹卫生间浮尘。同时将浴缸和洗脸盆的冷热水放流 1~2 分钟，直至水清为止，以保持水质清洁。擦净水渍、水痕。

4. 地毯吸尘

如果房间连续几天为空房，要用吸尘器吸尘一次。

5. 检查

检查卫生间"四巾"是否因干燥而失去柔软性，若不符合要求，必须在客人入住前更换。检查房间设施设备情况，如有故障及时报修；检查天花板、墙角有无蜘蛛网，地面有无虫类，并及时清理。

6. 关门退房

熄灯、关门，退出房间。填写工作报表。

关于 VIP 房间晚间布置的要求

1. 每晚开夜床时送一份不同的点心或巧克力。
2. 做夜床时在床前侧垫放夜脚巾一块，上面放拖鞋一双。
3. 在翻起的被角放玫瑰花、工艺礼品、环保卡各一份。
4. 夜床服务时，在马桶内放入花瓣三片，使其艺术性地漂浮在存水上。

技能训练

通过观看视频，学生分组，进行夜床服务的模拟训练。

模块三　对客服务

对客服务工作主要是指服务人员面对面地为客人提供服务，满足客人提出的各种符合情理的要求。客房对客服务主要是围绕客人来、住、离三个环节来进行。掌握对客服务的内容和程序标准，才能为客人提供主动、热情、耐心、周到的服务。本模块包括客人抵店服务、客人住店服务、客人离店服务三个项目。

项目一　客人抵店服务

客人住店期间，不仅要求客房清洁、舒适，还要求饭店提供相应的服务，一方面处处倍感"宾至如归"，另一方面在精神上得到超值享受。对客房部服务员来说，客人抵店服务是楼层接待服务的第一个环节。

任务1　迎客准备

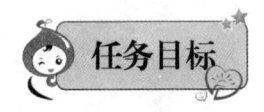

任务目标

1. 熟练掌握客人的基本情况。
2. 能根据客情布置房间。
3. 能按活动要求填写评价表。
4. 能主动学习，善于与他人合作，培养应变能力。

课时安排

2课时

任务描述

滨海饭店客房服务中心小王在预抵店客人名单中发现即将有一位常住客人入住，客史档案记录这位客人颈椎不太好，喜欢喝红茶。小王与同事、主管及前厅部确认了客人的有关情况，在客人进入房间后，立即为客人泡好了红茶，并主动询问客人是否需要再加一个枕头。客人满意地对服务员说："你们太细心了！"

任务分析

客房服务员接到前台的预订房通知单后，首先应从各方面了解客情，并根据客情对客房进行相应的布置。客人到达前的准备工作，是客房对客服务的第一步，要求做到充分、周密和准确，才能为整个接待工作打下良好的基础。

任务实施

根据班级人数，将学生分为4~6人一组。以小组为单位认真阅读任务描述，获取信息，进行分析，能根据不同类型客人的特点做好服务准备工作。

一、客情掌握

掌握客情是迎客准备工作中重要的一环，客房部当班人员要做到"七知"、"四了解"。

1. 七知

（1）知道客人抵店的具体时间。

（2）知道客人国籍、人数和代表团的名称。

（3）知道代表团主要负责人的姓名、性别和身份。

（4）知道代表团的房间分配数量和具体房间号。

（5）知道客人的付款方式。

（6）知道其接待单位、接待标准。

（7）知道客人的宗教信仰和风俗习惯。

2. 四了解

（1）了解客人用餐地点和活动日程安排。

（2）了解客人的喜好、忌讳和生活习惯。

（3）了解客人的意见和要求。

（4）了解客人退房、离店的时间。

掌握客情的途径有以下几种：查看预订房的通知单、入住通知单、询问接待单位负责人、查看客史档案、向本部门同事和前厅部同时了解情况等。

二、客房布置和检查

对于有特别需要的客人，客房部服务员可根据客人的风俗习惯、生活特点调整家具设备的摆放方式，或适当调整文具等用品的数量，根据接待规格摆放鲜花、水果、总经理名片等。

1. 根据客史档案对客房进行布置

记住客人、满足客人的合理需求是饭店对客人的重视和尊重，把客人的生活习惯、喜好和使用的物品等，通过建立客史档案记录下来，并根据记录情况在客人入住前做好布置，为客人提供更细致的服务和惊喜。

2. 根据客人要求对客房进行布置

客人在入住前可能向饭店提出要求，例如为客人的结婚纪念日准备相关物品、为新婚夫妇布置蜜月房等。

3. 根据观察临时布置客房

客人在办理入住的时候，工作人员可从各个方面细心观察，发现客人的需求。例如，前台接待员通过身份证号码发现今天是客人的生日，就立刻报告了大堂经理。在客人办理登记的过程中，饭店马上安排客房服务员在客人入住的房间摆上鲜花和一张生日贺卡，给客人带来惊喜。

任务评价

迎客准备评价表

第_____组　　组长

评价内容	分值/分	自我评价	小组评价
掌握客情信息全面、准确	25		
物品准备充分、全面	25		
布置客房	25		
按规格检查客房	25		

知识链接

VIP客房的布置

接待贵宾VIP时，务必认真、仔细地提前做好有关准备工作。由于饭店客房的类型、风格、级别、设施设备不同，以及对VIP接待的要求不同，客房布置的内容、方法、规格标准也会有差异。

1. 挑选房间

挑选楼层、方位、设施设备配备条件较佳的房间，如总统套房、豪华套房等阳光、视线都较好的客房。

2. 清扫并检查客房

派有经验的专人负责清扫，确保客房处于最佳清洁状态。清扫时注意进行以下工作：家具上蜡、擦拭铜器、地毯除尘除迹以及检查设备的正常性。

3. 放置水果、鲜花和洗水盅

长茶几中央放置精品果盘一份，一侧小茶几上放鲜花一盆。果盘右下方放置刀、叉、口布、骨盆各一套，口布折叠放置在骨盆上，刀叉分别插于折好的口布内。洗手盅放于左侧，内放鲜花叶片，并将烟灰缸移至茶几左侧中央。

4. 放置酒具

配置高档茶叶、高级红葡萄酒（同时配酒架），水晶葡萄酒杯（放于葡萄酒左手侧，杯下各垫放杯垫1块。），开瓶器放于葡萄酒右侧。

5. 开启背景音乐和灯光

打开床头柜上背景音乐，开至低档。打开房间所有的灯迎客。

6. 放置欢迎卡

在写字台上或茶几上放总经理亲笔签名的问候信或欢迎卡；提供当天的若干种报纸放在写字台上，或根据客人的国籍来放当天报纸。

7. 布置卫生间

将卫生间的小花瓶换成插花一瓶。

8. 环视检查

环视房间布置情况，对于细节不妥之处做必要改进；确认布置得当后离开房间。

任务 2　抵店迎接

任务目标

1. 能热情礼貌地迎接客人。
2. 能熟练向客人介绍客房设施设备。
3. 能根据客人情况端茶倒水。
4. 能按活动要求填写评价表。
5. 能主动学习，善于与他人合作，培养应变能力。

模块三 对客服务

课时安排

10 课时

任务描述

午后，10 楼电梯门打开，"叮当"一声走出两位港客，楼层服务员小王立刻迎上前去，微笑着说："先生，您好！"她看过客人的房卡，然后接过他们的行李，一边说："欢迎入住本饭店，请跟我来。"一边领他们走进客房，随手给他们沏了两杯茶放在茶几上，说道："先生，请用茶。"接着她又用手示意，一一介绍客房设施设备："这是床头柜，这是空调开关……"这时，其中一位客人用粤语打断她的话，说："知道了。"但小王仍然继续介绍着："这是冰箱，桌上文件夹内有入住须知和电话指南……"未等她说完，另一位客人掏出钱包抽出一张 10 元钱不耐烦地给她。小王愣住了，一片好意被拒绝甚至误解，使她感到既沮丧又委屈，她涨红了脸对客人说："对不起，先生，我们不收小费，谢谢您！如果没别的事，那我就告退了。"说完便退出了房间。此刻，小王心理乱极了，她实在想不通自己错在哪里？

任务分析

要完成迎接客人入住服务，楼层服务员首先要熟知饭店的服务项目和客房的设施设备的使用方法，其次服务员还要根据不同客人的情况，灵活应变，为客人提供个性化的服务。

任务实施

根据班级人数，将学生分为 4~6 人一组。以小组为单位认真阅读任务描述，获取信息，进行分析，能根据不同类型客人的特点做好迎接客人的工作。

一、电梯口迎宾

站在电梯口，当客人下电梯后，面带微笑，向客人行 15°的欠身礼，主动向客人问候，说出自己的身份："您好！欢迎入住××楼层客房，我是××楼的服务员"。此时，若能叫出客人的姓名，会让客人倍加欣喜。

二、检查客人的房卡

礼貌地请客人出示房卡，确认客人所住的房号，同时观察客人的外貌特征与总台所告知的外貌特征是否相符。(若有行李员带客入房，此程序可省略)

三、征求客人意见是否需要帮助提拿行李

协助客人提拿行李，应征得客人的同意，因为有些易碎、贵重物品，客人有时宁可自己提拿。(若有行李员带客入房，此程序可省略)

四、迎领客人入房

在客人左前方或右前方约 1m 处引领客人入房。引领的途中可介绍饭店的服务项目，回答客人的一些问题，若遇拐弯处，应停住步并伸手示意。

五、按程序进房

走到房门口后，告诉客人这就是他的房间，并用客人的钥匙按程序将门打开；打开门后，退到门边，请客人先进。客房服务员随后跟进，并征求客人的意见后将行李放下。

六、送迎宾茶

按程序向客人递上小毛巾和迎宾茶。在许多饭店中，此程序只对贵宾提供。

七、介绍情况

向第一次入住本店的客人简要介绍房间设施设备的使用方法和饭店的服务项目及其特点，要求语言简练、介绍到位。但如果客人此时显得疲倦或不便，可省去这一程序，另外选择适当的机会向客人作补充介绍。

八、征求客人的意见

征求客人的意见，是否还需要其他的协助。若没有，则告诉客人服务中心的电话，以便有事联系。

九、退出房间

祝客人住店愉快，离开房间时提醒客人将贵重物品寄存在总台或房内保险箱中，晚上睡觉要拴好防盗链，面向客人轻轻关上门。

十、做好记录

服务员回到服务台或工作间做好迎客记录。

任务评价

抵店迎接评价表

第_____组　　组长

评价内容	分值/分	自我评价	小组评价
电梯口迎宾	10		
检查客人房卡	10		
征求意见提拿行李	10		
引领客人入房	15		
按程序进房	10		
端茶送水	10		
介绍情况	15		
退出房间	10		
做好记录	10		

知识链接

"三到服务"

"三到服务"即客到、茶到、毛巾到，一般对国内的 VIP 客人都要提供此项服务。

1. 根据客房部的安排、客人人数及其需要，准备好相应的茶具、茶叶及毛巾，并记清房号。

2. 在最短的时间内做好准备，泡好茶。要点是：茶具干净，茶叶适量，开水冲泡，七成满即可，盖上杯盖，将泡好茶的茶杯放在垫有小方巾的托盘内。

3. 毛巾和茶杯放于同一托盘内，送到客房。进房前，敲门、通报，征得客人允许后方可进门。

4. 将茶按先宾后主或先女后男的顺序放在客人方便拿取的地方，视客人坐的位置而定。先送毛巾，再送茶杯，同时说："请用茶。"

5. 全部上完后，询问客人是否需要其他服务。

6. 礼貌地向客人告退，离开房间，轻轻将门关上。

技能训练

1. 学生分组，进行楼层接待服务的模拟训练。
2. 学生分组，进行"三到"服务的模拟训练。

项目二　客人住店服务

客房是客人旅途中的家，为了让客人住得舒适，在客人住店期间，客房服务员应向客人提供相应的服务。"饭店服务无小事"，因为服务质量的优劣直接体现饭店的服务水平和档次，影响到饭店的声誉。

任务 1　洗衣服务

任务目标

1. 掌握洗衣服务的程序。
2. 掌握洗衣服务应注意的事项。
3. 能灵活处理洗衣服务过程中的突发问题。
4. 能按活动要求填写评价表。
5. 能主动学习，善于与他人合作，培养应变能力。

课时安排

6课时

任务描述

上午10点，客房服务中心小王接到809房间客人王先生的电话，王先生晚上要参加酒会，需要快洗不小心弄脏的西服。小王应如何为客人提供洗衣服务？

任务分析

洗衣服务是高星级饭店客房服务中非常重要的服务项目，优质的洗衣服务是饭店服务水平与管理水平的重要体现。洗衣服务分为水洗、干洗和熨烫三种，时间上有普通服务和快洗服务两种，小王在工作中要认真、细致，以防发生客衣丢失、损坏情况，引起客人投诉。

任务实施

根据班级人数，将学生分为 4~6 人一组。以小组为单位认真阅读任务描述，获取信息，进行分析，掌握洗衣服务的程序和注意事项，并能灵活处理洗衣服务过程中常见的问题。

一、客衣收取

1. 进房收取

客房服务中心接到住客电话，进房收取客衣；服务员每天上午 11:00 前检查是否有待洗客衣。

2. 清点客衣

（1）从洗衣袋中取出洗衣单，检查洗衣单是否填写清楚、完整，房号是否正确。

（2）将衣服从洗衣袋中倒出，对照洗衣单上的数量进行清点，检查宾客填写的衣服件数与实际件数是否一致。

3. 客衣洗前检查

（1）检查洗涤要求与服装的洗涤保养说明是否符合。

（2）检查客衣口袋里是否有客人遗忘的钱物。

（3）检查衣身、衬里、衣袋、领口、袖口等是否有破损。

（4）检查衣扣是否齐全，拉链是否有损坏。

（5）检查是否有脱线。

（6）检查是否有重度污染和褪色。

4. 问题客衣处理

（1）凡发现有破损、无法清洗斑迹的衣服，要与宾客联系确认后再洗。

（2）凡遇到有可能发生不良洗涤后果的情况，如洗后会严重褪色、严重缩水等，要征询宾客同意后再洗。

（3）宾客遗忘的任何物品，需及时送还宾客。

二、客衣送洗

客房服务中心的服务员接收客衣后,应将所有送洗衣物记录在"客衣收取记录表"上,并立即通知洗衣房前来收取客衣,按规定与洗衣房收发员进行交接。

三、客衣送还

1. 根据饭店情况,合理安排送衣顺序。

2. 如果有快洗客衣和重要宾客的客衣,需优先安排派送。

3. 严格遵守送衣时间,普通洗衣在当天 12:00 前收取,于当天 18:00 前送回;12:00 后收取的,在第二天送回。

4. 送衣时如果遇到客人不在房间,可将客衣放在饭店规定位置,将送衣卡放在床头柜电话机旁,并做好记录。

5. 如遇到"请勿打扰"房,则将事先准备好的卡片从门底缝隙中塞入房内。在送衣本上做好记录,并将客衣拿回洗衣房。

6. 将送衣过程中宾客提出的意见及建议及时登记,并向上级汇报。

任务评价

洗衣服务评价表

第_____组　　组长

评价内容		分值/分	自我评价	小组评价
客衣收取	上门收衣	10		
	检查客衣	15		
	核对洗衣单	15		
客衣送洗	填写客衣收取记录表	10		
	与洗衣房进行交接	10		
客衣送还	接收洗衣房送交的客衣	10		
	将客衣送交客人	20		
	入账	10		

同步案例

缩了水的毛衣怎么穿？

一天，实习生小王在饭店4楼客房负责服务工作，接到客房服务中心收取客人洗衣的通知后赶到409号房，发现客人已经将洗衣单填好，所有要洗的衣服已装入了洗衣袋。按照洗衣流程小王根据客人所填写的洗衣单内容对衣物进行了核实，因为发现洗衣袋内一件毛衣上有客人醉酒后吐的少量残留污物，小王只是粗略地清点衣物数量，并在洗衣单上特别附言后加注了"客人毛衣上有呕污物"后，就将客人的洗衣送交了洗衣房。

第二天早上，小王将客人的衣服送回房间时，客人正在房间内收拾行李准备退房，收到衣服后将洗衣费如数付给了小王。十分钟后，客人打电话到客房服务中心，说送回的衣服中，其中一件毛衣严重缩水，要求饭店方给个说法。中心人员接到电话后，一边向客人道歉，一边通知了王主管前去处理。

王主管赶到客人房间后，客人身上穿着缩了水的毛衣（内衣的袖口已经露了一截出来），情绪异常激动。在给客人致歉后，王主管对毛衣缩水情况进行了确认，通过核对客人填写的洗衣单，发现导致毛衣缩水的原因是客人没有正确的选择洗涤方式。随后王主管将缩水的原因委婉地向客人进行了说明，并主动提出免除客人此次洗衣的全部费用，将缩水毛衣立即送交洗涤公司进行处理。同时提出，如果毛衣不能恢复，饭店将根据洗衣服务规定，按洗衣费的十倍赔付给客人的处理意见。客人在明白事情的原委后，显得有点尴尬，因行程安排较紧，客人接受了饭店退还的洗衣费，也没有再提出其他赔偿要求，随即退房离店。

案例点评

在星级饭店的运营过程中，洗衣服务是客房服务的一项重要内容。虽然此案例中发生的毛衣缩水是客人没有准确填写洗涤方式造成的，但如果服务人员能在检查核对过程中及时发现，提醒客人，就能避免毛衣缩水问题的发生。通过此案例也给我们的工作提供了以下提示：一是加强对员工相关业务知识的培训，此案例中该饭店就忽略了对员工进行衣物面料知识、洗涤常识等知识的培训。二是洗衣房应对客衣所选的洗涤方式进行严格检查核对，及时发现客人填错的洗涤方式。饭店对客服务的每一个环节都需要细心、耐心。不仅想客人所想，更要想客人没有想到的，很多时候，需要饭店提供为客人"把关"的服务，让他们放心。

技能训练

学生分组，进行洗衣服务的模拟训练。

任务 2　小酒吧服务

任务目标

1. 了解客房酒水和食品摆放标准。
2. 掌握小酒吧服务程序。
3. 掌握小酒吧服务的注意事项。
4. 能按活动要求填写评价表。
5. 能主动学习，善于与他人合作，培养应变能力。

课时安排

4 课时

任务描述

上午 9 点，小王正在清扫 806 住客房。细心的小王发现客人把冰箱内一听饮料饮用后，自己又购回一听同品牌但包装不同的饮料放在冰箱内，小王按照酒店规定开出该饮料的消耗单送到收银处，又重新补充了一听新饮料，将客人饮料取出，并放在显眼的位置，留言给客人，告知消耗的饮料费用已经入账。小王的做法正确吗？

任务分析

旅游饭店一般在客房内设有小酒吧，放有各种饮料、小食品，并备有饮用器具和价目单，由客人自由取用。既方便客人，又增加饭店收入。小酒吧通常免费提供茶叶或咖啡、冷热饮用水，并可应客人要求提供冰块。

任务实施

根据班级人数，将学生分为 4~6 人一组。以小组为单位认真阅读任务描述，多方面获取信息，进行分析，掌握小酒吧服务程序和注意事项，并能灵活处理小酒吧服务过程中常见的问题。

一、小酒吧服务程序

饭店根据实际情况建立小酒吧管理制度，有的饭店设专职的酒水员，负责酒水的清点、送单、领取、补充、报损等工作，有些饭店则由客房服务中心领班或服务员完成此项工作。

1. 摆放酒水。熟悉小酒吧酒水及小食品的摆放品种、数量及摆放标准。

2. 清点核对。客房服务员每日定时清点酒水和食品，查看客人填写的"客房小酒吧点算单"，核对数量是否相符，是否填上日期、时间、房号、金额、品种等，若客人没有填写则根据实际清点情况替客人填写。

3. 记账。核对酒水单上客人的签名后，将"客房小酒吧点算单"第一、第二联送前台收银处记账，第三联留存客房服务中心。在客人退房时应立即通知收银员"房号"及"金额"。

4. 补充酒水。每日在规定时间统计楼层酒水消耗情况，并填写"酒水消耗单"。凭"客房小酒吧点算单"第三联从仓库领取消耗的酒水和食品，并及时补充入房，做好记录。

二、小酒吧服务注意事项

1. 小酒吧的酒水要按规定进行配备，补充酒水入房时应检查有效期，防止摆放过期酒水。

2. 清点小酒吧酒水时要仔细认真、逐一核对，防止客人"偷梁换柱"。若发现此情况，应及时通知领班并填写报告单进行报损。

3. 因特殊情况不能及时补充酒水时，要与同事做好交接。

4. 在客人离店结账时，服务员应迅速进入房间检查酒水消耗情况，如有饮用及时通知收银处。

任务评价

小酒吧服务评价表

第_____组　　　组长_____

评价内容	分值/分	自我评价	小组评价
摆放酒水	25		
清点核对	25		
记账	25		
补充酒水	25		

知识链接

团房锁吧

在饭店销售旺季尤其是旅游团队较多的时候，饭店通常会把团队房的小酒吧锁上（锁吧 Lock Bar），或撤出小酒吧的所有收费物品。团队退房时间比较集中，在短时间内客房部服务员需要清点、核对所有团队用房的酒水消费并通知前台收银处，通常会发生漏查或数目不相符的情况，给饭店带来一定的损失。有的饭店认为团队客人有小酒吧消费需求的较少，因此通常在客人提出要求时先收取保证金，再为客人恢复小酒吧的酒水供应。

送餐服务

客房送餐服务（Room Service）是指应客人的要求将客人所点之餐饮送到客房的一种餐饮服务。常见的房内用餐有早餐、便饭、病号饭和晚餐等项目，其中以早餐最为常见。

提供送餐服务时，饭店要设计专门的送餐服务餐牌，摆放在床头柜或写字台上面，上面标明送餐服务的电话号码。另外，提供送餐服务，通知收取20%~30%的服务费。

房内用餐可以用托盘提供，也可以用餐车送上。送餐方式大致有两种：在大型饭店里，这项服务是由餐饮部负责；还有一些饭店，送餐则由餐厅服务员送到楼层，再由楼层服务员送进客房，采用这种服务方式的饭店，要求客房服务员必须熟悉菜单，并掌握一定的餐厅服务技能。

服务顺序：

(1) 当客人要求在客房用餐时，及时联系餐饮部准备食品。

(2) 协助餐饮部送餐员工将食品送至客房内摆好，放好小方巾和纸巾。

(3) 与餐饮部员工在交班本上记录好餐具数量及送餐时间。

(4) 客人在房间用餐后，会将餐具放在房间，或直接放于楼层服务台或走廊；服务员在清洁房间时首先应将送餐服务所使用的餐具送到服务间。

(5) 清洁完毕后打电话通知餐饮部来取餐具。

(6) 楼层服务员和餐厅服务员对每一套餐具做好交接并核对数量，撤出餐具后，如数交给送餐的服务员。

技能训练

学生分组，进行小酒吧服务的模拟训练。

任务3 会客服务

任务目标

1. 掌握会客服务的程序。
2. 能灵活处理不同情况下的会客服务技巧。
3. 具有饭店安全意识。
4. 能按活动要求填写评价表。
5. 能主动学习，善于与他人合作，培养应变能力。

课时安排

8课时

任务描述

上午，小王正在清扫806客房，听到走廊内有人叫服务员，她便立即放下手中的工作，快步走出房间。807房间门口站着一位先生，手里提着很多东西。小王微笑着迎上去问候客人并询问有什么事需要帮忙。那位先生说："我的一位朋友住在

807，早上他打电话给我，让我把东西送过来，并在这里等他回来。"如果你是服务员小王，你会怎么做？

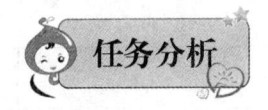

任务分析

客人在住店期间，可能会有朋友来访。会客服务是体现高星级饭店服务水平的服务项目，《旅游饭店星级的划分与评定》中规定四星级以上的饭店应为客人提供在房间会客的服务，并应客人要求提供加椅和茶水服务。客房服务员对有访客的客房要做好相应的会客服务，尤其是VIP客人的访客。

一、住客在房内的服务程序

1. 当访客来临时，客房服务员首先应礼貌询问访客姓名、有无住店客人预约及预约房号。

2. 请访客稍后，电话与住客联络，征得住客同意后，给访客办理相关登记手续，方能将住客房号告知访客或带访客去住客房间，不得未经住客同意随意将住客的房号、姓名告诉来访者。

3. 待住客引访客进入房间后，可主动询问住客是否需要加椅和倒茶，迅速为客人加椅和提供茶水，然后退出房间。

4. 服务员应多留意有访客的房间情况，并注意访客是否在没有住客陪同的情况下带走贵重物品。有些饭店规定访客探访时间不得超过23:00，当探访时间超过饭店规定时，要委婉向客人说明并请访客离开房间，若客人仍有事商谈可建议客人去大堂。

5. 若住客拒绝见访客，应礼貌地表达住客之意，委婉告知访客或请其留言。若访客无理纠缠，可通知上级管理人员或保安部，以切实保障住客安全。

6. 做好访客进房、离店时间的记录。

二、住客不在房内的服务程序

1. 询问访客有无预约，查看有无住客留言或留条，若有，核对"留言单"上有关事项，确认后按住店客人的留言处理；若无留言，则请客人到饭店大堂等候。

2. 为了住客安全，未经住客同意不能带访客进房间，也不可让访客在楼层逗留。当住客返回时，通知客人。

3. 若访客不愿或来不及等候住客回来，可请其留言，并填写留言单，住客回房时，转交住客。

任务评价

会客服务评价表

第_____组　　组长

	评价内容	分值/分	自我评价	小组评价
接受来访	确认访客是否预约，电话与住客联系	20		
	经住客同意引领访客去住客房间	15		
	填写访客登记表	15		
会客服务	为客人加椅、倒茶水	30		
	留意会客房间情况，防止住客财物丢失	10		
访客登记	登记访客离开时间	10		

同步案例

访客时间已过

墙上的挂钟显示时间已经过了11点，夜已深，四周一片寂静。可610房的访客还未离店，服务员小王皱着眉，看看挂钟又看看腕上的手表，怎样巧妙地劝离610房的客人呢？小王想了想，拎起话筒："您好，黄先生，我是6楼的服务员，打扰您很抱歉，只是饭店规定的访客时间已过，您的访客该离开了，我怕您不知道，特地提醒您"，停顿一下，610房的主人黄先生不说话，小王接着说道："哦，可能您还有事没谈完，您再谈一会儿吧，过一会儿我再给您来电话。"过了半个小时，610房的访客并未离店，此时，服务员小王又拎起了话筒："您好，黄先生，欢迎您的访客来我店，只是现在的访客时间已过，如果您还要继续会谈，欢迎您和您的朋友来我们楼下的咖啡厅，它将24小时为您提供服务。"顿一顿，"如果您的访客要留宿，我们很欢迎，请您的朋友到总台办理好登记手续。"时间又过了半个小时，610房的访客仍未离店，也未去楼下的咖啡厅，此时服务员小王又一次拎起了电话："您好，黄先生，看来您的访客是想要留宿了，我们很欢迎，如果您不方便，我通知总台上门为您的朋友办理手续可以吗？"访客终于收拾了东西，离开了饭店。

案例点评

劝离要讲究语言技巧，案例中的服务员小王采用环环紧扣法，最终劝离了访客。

技能训练

学生分组，进行会客服务的模拟训练。

任务 4 特殊情况的处理

任务目标

1. 掌握接待生病客人的服务要求和注意事项。
2. 能为生病客人提供良好的服务。
3. 掌握接待醉酒客人的服务要求和注意事项。
4. 能为醉酒客人提供良好的服务。
5. 掌握客人物品丢失处理的程序和注意事项。
6. 能快速准确地处理客人物品丢失事件。
7. 能按活动要求填写评价表。
8. 能主动学习，善于与他人合作，培养应变能力。

课时安排

6 课时

任务描述

住在 306 房间的张先生是某旅游团队的游客，因旅途疲劳、水土不服等原因，早上起床后头疼、呕吐，很不舒服。客房服务员小王知道后，询问了张先生的病情，并作了记录，随后把张先生的病情及时报告给了医务室的医生和客房部经理。饭店及时通知了张先生所在的领队。经过检查，发现张先生是肠胃感冒。随后医生给张先生开了药，并嘱咐他好好休息。

任务分析

客房接待服务过程中会遇到各种各样的人，也会遇到各种各样的突发问题，比如生病、醉酒、丢失物品等。特殊情况处理的好坏往往直接影响饭店的声誉，甚至国家的声誉，需要引起客房工作人员的高度重视。

任务实施

根据班级人数，将学生分为4~6人一组。以小组为单位认真阅读任务描述，多方面获取信息，进行分析，掌握突发事件处理程序和注意事项，并能灵活运用所学知识，把规范化和个性化的对客服务运用于突发事件中。

一、生病客人服务

1. 询问病情

（1）首先要了解客人的病情，并认真做好记录。

（2）主动提供力所能及的帮助，表示关怀。

（3）需要注意的是服务员不要轻易搬动客人，或擅自拿药给客人吃。

2. 上报情况

（1）在第一时间将生病客人情况报告客房部经理。

（2）联系饭店医务室，由医务室人员进行处理。

（3）假如客人病情严重，应立即请示上级，并打电话联系附近医院，由饭店医务人员护送病人到医院就医。

3. 通知联络

（1）通知接待旅行社或客人接待的主管人员。

（2）客人住院医治期间，及时通知家属前来。

4. 护理记录

（1）从客人生病开始，每天都要认真做好护理记录，医疗费用和护理费用由客人自理。

（2）对于在房内病卧的客人，应给予生活上的照顾，推荐适合客人的饮食。

5. 善后处理

（1）对客人住过的客房进行严格的消毒处理，并对该客人住过的客房号保密。

（2）假如客人医治无效死亡，由医院向死者家属报告详细的抢救过程，并写出《死亡诊断证明书》。证明书一式多份，由主治医生签字盖章。

二、醉酒客人服务

1. 发现醉酒客人

（1）在楼层发现醉酒客人，要对客人进行身份识别，分清是住店还是非住店人员。

（2）如果是住店客人，应该及时通知领班或请同事帮忙，协助客人回房休息。如果是非住店人员，应及时通知保安部工作人员将其带离楼层。

（3）当发现有客人在房内大量饮酒时，客房服务员应特别留意该客房动态，并通知领班。

2. 服务醉酒客人

（1）在同事的协助下搀扶客人上床。

（2）将纸篓放在床边。

（3）备好热茶和面巾。

（4）调节好灯光和空调才能离开房间。

（5）对呕吐过的地面进行及时清理。

（6）如遇酒精中毒的客人，应及时通知大堂副理妥善处理，保证客人的安全。

3. 处理经过登记存档

在工作日志上详细填写醉酒客人的房号、姓名、客人状况及处理措施。

三、客人物品丢失处理

1. 客人报失

（1）接到客人丢失物品的投诉，认真听取失主对财物丢失过程各个细节的说明，向客人表示歉意。

（2）安慰并帮助客人回忆，请客人提供线索，分析是否确实丢失。

（3）记录发生地点和丢失物品。

2. 采取措施

（1）若在客人自己的客房内进行搜索，客人愿意监督整个寻找过程，可让客人在场一起寻找。

（2）客人原住房已有新客人入住，只能由安保人员或管理人员进行寻找，丢失物品的客人不能亲自参与。

（3）若客房已清理完毕，则可寻找不外露的部分，如床底、窗帘后、床与墙的夹缝等；从客房清理出的物品和垃圾里寻找，如脏棉织品；检查失物是否放在工作间，但尚未交到失物招领处。

3. 结果反馈

（1）经多方查找仍无结果或原因不明，没有确切证据认定物品是在客房内丢失或被盗，饭店不负责赔偿责任，但应向客人耐心解释，并请客人留下联系方式，以便一旦找到能及时与其联系。

（2）请客人填写丢失报告并签字。

（3）案件尚未查明，而客人坚持要求赔偿时，向客人解释在客人登记的房卡上已注明酒店关于赔偿的政策。

（4）向客房部经理报告，请示处置办法。

4. 记录存档

记录整个经过，以备核查。

任务评价

特殊情况的处理评价表

第_____组　　组长

评价内容		分值/分	自我评价	小组评价
了解情况	客人信息	10		
	客人特殊要求	10		
协调反馈	能与部门同事共同配合	10		
	能及时向上级反馈有关信息	15		
处理问题	有针对性地根据客人实际情况处理问题	30		
跟进	了解客人满意程度	15		
记录	做好相应记录	10		

同步案例

为极致服务点赞

晚上9点多，夜班服务员小董如往常一样在通道做公共卫生，经过2415房门时，发现一客人倚着墙壁坐在地上，旁边扔着挂包和相机。小董走近一看，原来是喝醉酒的客人，小董连叫了几声"先生"，一点反应都没有。"这该不会是2415房的客人吧？"如果是就应该是位日本客人。因为他知道该房住的是日本客人，细心的小董发现地上的挂包边有一张住房卡，上面登记的正是2415房小原佑一先生，日期也对。从挂包未拉合的拉链处望进去，包内的纸张上也是日文。小董确定他应是2415房的客人，于是小董赶紧上前将客人搀扶进房，客人进房后，躺在床上一动也不动。小董把挂包和相机捡起来放在办公桌上，轻轻带上房门，然后找领班小金汇报了整个过程。小金听完后立刻放下手头的工作，先是打了个电话到2415房，想试探客人是否已清醒和需要什么帮助，但电话无人接听。放心不下的小金决定进房间查看一下，以免发生意外，但按门铃、敲门均无人应答，于是他推开了门轻轻走进去，只见卫生间门开着，里面一片狼藉。地板被客人吐得一塌糊涂，散发着刺鼻的气味，客人的衣服、鞋子东一件西一件扔得到处都是。浴缸已放满了水，水龙头还哗哗地流，而客人只穿着一双袜子躺在浴缸内，只露出头在水面上，双眼紧闭似乎又睡着了。小金很清楚醉酒客人使用浴缸可能出现的严重后果，一连叫了几声"先生"，客人都没有反应，小金又不敢走得太近，怕客人突然醒了被自己吓着。他想，"如果把客人扶出浴缸送到床上，他赤身裸体，清醒后会很尴尬；若将浴缸水排空，给客人盖一块毛毯，可能会冻坏身子；只能将水龙头关掉，等水温稍变凉时再放热水进去，保持适当的水温一直维持到客人清醒为止。"小金拿定主意后，一边叫服务中心一男员工小庄过来帮忙，一边将此事汇报给大堂副理，请大堂副理负责联系与其同来的客人或接待单位。半小时过去了，小金和小庄一边将卫生间收拾整齐，一边不停地开水、关水，生怕客人溺水意外。终于，他的脸色逐渐恢复正常，小金和小庄发现客人先是捧起一捧水洗了洗脸，然后缓慢地开始搓澡，虽然还是紧闭着双眼，但应该已无危险。为避免客人尴尬，小金和小庄觉得该离开房间了。临走之前，他俩又冲了一杯热茶放在床头柜上，将浴衣挂在卫生间门后，走出房间后，小金和小庄并没有马上离去，而是让大堂副理请客人的朋友再打一次电话，听到客人在房内接电话的声音，小金和小庄才如释重负，放心地嘘了一口气。

案例点评

这是一例十分细致、周到的优质服务。服务员能够细心辨明醉酒客人身份并护送回房，消除其人身和财产的不安全隐患，并且将事情及时报告给领班。领班考虑周全、服务细致，在服务员将客人送回房间后还十分关注客人的情况，既顾全了客人心理，又保护了客人安全，而且细心照料客人，不怕脏、不怕累，为客人提供了一次十分细致周到的服务。

技能训练

搜集饭店相关服务案例，学生分组合作，情景模拟训练。

项目三　客人离店服务

离店服务是饭店对客服务工作的最后一个环节。客人对饭店服务质量的评价往往取决于客人离店时服务人员的"最后表现"。客人住店期间，全体员工千方百计地提供优质服务让客人满意，如果在最后一刻，由于某一环节上的疏忽，将会影响客人对饭店的美好印象。

任务1　送客服务

任务目标

1. 掌握客人离店服务的程序。
2. 掌握客人离店前的准备工作。
3. 熟悉走客房的查房程序。
4. 能按活动要求填写评价表。
5. 能主动学习，善于与他人合作，培养应变能力。

课时安排

6课时

任务描述

烟台中心大酒店，一位四十来岁的客人陈先生提着旅行包从512房间急匆匆走出，走到楼层服务台前，将房间钥匙放到服务台上，对值班服务员说："小姐，这把钥匙交给你，我这就下楼到前台结账。"却不料服务员小王说："先生，等查完房后您再走。"说完立刻当面拨打电话召唤同伴小赵去查房。陈先生觉得很尴尬，无可奈何地说："那就请便吧。"这时，小赵从工作间出来，她将陈先生上下打量了一番，又扫视了一下那只旅行包。陈先生觉得受到了莫大的侮辱，气得脸色都变了，大声嚷道："你们太不尊重人了！"小赵也不搭理客人，拿了钥匙，径直往512房间走去。她打开房门，不紧不慢地查着房：从床上用品到橱柜内的衣架，从冰箱里的食品到盥洗室的毛巾，一一清查，还打开电视机开关看看屏幕，然后，她离开房间回到服务台前，对陈先生说："先生，您现在可以走了。"陈先生早就等得不耐烦了，因为要赶飞机，只能带着一肚子怨气离开了饭店。

任务分析

小赵僵硬、死板的服务，最终使客人带着怨气离开了饭店，想必客人是再难回到这家饭店了，这对饭店来讲应该是一种损失。我们的服务应该让客人高兴而来、满意而归，我们为客人提供的服务应该是善始善终的，而不是虎头蛇尾的。那么，我们应该怎样为即将离店的客人提供服务呢？

任务实施

根据班级人数，将学生分为4~6人一组。以小组为单位认真阅读任务描述，获取信息，进行分析，完成客人离店的服务工作。

一、客人离别前的准备工作

1. 掌握客人离店的准确时间。
2. 检查代办事项，看是否还有未完成的工作。
3. 征求离店客人的意见，并提醒客人检查自己的行李物品。

二、送别客人

1. 协助行李员搬运客人行李。
2. 主动热情地将客人送到电梯口，代为按下电梯按钮，以敬语向客人道别。
3. 对老弱病残客人，要专人护送。

三、善后工作

1. 迅速进房仔细检查。如有遗留物品，立即派人追送。来不及送还的，交客房服务中心登记处理。同时，还应检查客房设备和用品有无损坏和丢失。如发现损坏和丢失现象，应及时报告主管。

2. 处理客人遗留事项。

3. 迅速整理、清洁客房。

4. 填写房务报告表。

任务评价

送客服务评价表

第_____组　　组长

	评价内容	分值/分	自我评价	小组评价
掌握情况	掌握当天预退房情况	10		
	检查客人委托代办事项的完成情况	15		
	确认客人消费项目的结算情况	15		
送别客人	帮客人送行李	10		
	送客人到电梯口	10		
检查退房	检查客房设备、物品是否有损坏或丢失	10		
	检查是否有客人遗留物品	20		
	检查小酒吧的消费情况	10		

同步案例

追回浴巾

上午10点，住在608房的李先生来到总台退房。总台接待员小张一边热情地向李先生打招呼，一边电话通知六楼的值班服务员小王尽快查房。一会儿客房服务员小王打来电话说查房时发现房间少了一条浴巾。当时正值退房高峰，接待员小张请大堂经理与客人沟通。大堂经理把客人请到大厅休息处，礼貌地对李先生说："李先生，对不起，查房时您的房间里少了一条浴巾，我们的服务员找不到，请您帮我们回忆一下放在哪儿了？"李先生回答说："没见到！"于是大堂经理又委婉地说："那么请您回忆一下，是否您的亲戚在这儿洗澡时，不小心把浴巾带走了？如果是这样的话，您替他付费也行。"这时，客人开始盘算这条浴巾是否值得付费。于是，李先生回答说："我住店期间亲戚没来过。"大堂经理又恳切地说："那么麻烦您进房间帮我们查找一下好吗？"并在客人进房"查找"时，服务员立即退出。接着李先生从行李箱里取出浴巾，放在沙发背后，出了房门后，反而批评服务员："你们是怎么搞的，浴巾明明放在沙发背后也看不见！"大堂经理客气地说："对不起，李先生，给您添麻烦了。欢迎您下次再来！"

案例点评

客人退房时，将客房内的用品带走的事时有发生。本案例中大堂经理首先表现出对客人的信任，不仅没有责备客人，而是把错留给了饭店。同时，善于"拐个弯"，既给客人台阶下，又给客人留足了面子，成功地解决了浴巾的追讨问题。

技能训练

学生分组，进行送客服务的模拟训练。

任务2　客人遗留物品处理

任务目标

1. 掌握客人遗留物品处理的程序。
2. 了解客人遗留物品的保管期限。
3. 熟悉饭店对遗留物品的管理规定。
4. 掌握认领遗留物品的注意事项。
5. 能按活动要求填写评价表。
6. 能主动学习，善于与他人合作，培养应变能力。

课时安排

6课时

任务描述

7月中旬的一天上午,服务员小王正在清扫刚结账退房的1608房间,在整理壁橱时发现在壁橱底部有一件黑乎乎的东西,拿起来一看是一部照相机!于是她立即与总台联系,结果1608房间客人已经离店。小王很着急,因为在客人住店期间小王了解到1608房间客人是河南郑州的,这次是和她7岁的女儿专程到烟台消夏游玩,留下美好影像带给在新疆工作而不能一同前往的老公欣赏的。这可怎么办呢?

任务分析

客人在离店时,时常会不经意地遗忘一些物品,或有一些主动丢弃的物品。客人遗留物品的归口管理部门是客房部,由客房服务中心或办公室负责相关工作。客房部设立遗留物品存放柜,建立遗留物品登记保管制度,在遗留物品登记本上详细记录着失物或客人遗留物品情况,包括物品的名称、遗留地点及时间、拾获人、客人姓名、曾住房号、离店时间等信息。

任务实施

根据班级人数,将学生分为4~6人一组。以小组为单位认真阅读任务描述,获取信息,进行分析,完成客人遗留物品的处理工作。

一、遗留物品的分类

1. 遗留物品根据遗留地点划分为三类:一类是饭店客人在房间的遗留物品;另一类是到饭店消费或参观、游览的客人在公共场所的遗留物品;还有一类是饭店员工在内部场所的遗留物品。

2. 遗留物品根据价值和性质划分为贵重遗留物品、普通遗留物品和饮食品三种。其中贵重遗留物品是指金银珠宝、首饰、手机、手表、相机、电器等估计价值在人民币100元以上的物件及所有的现金、支票、有价证券和证件。

二、遗留物品的收集与管理

1. 服务员在饭店范围内拾获客人或员工遗留的物品,均应交到客房服务中心保管存放和造册登记。

2. 遗留物品的保管、认领处置由保安部和客房部共同负责。接受和退还遗留物品的工作由客房服务中心负责,对物品的清点、分类和存放时,保安部派人到场核对和确认。

3. 凡有遗留物品交到客房服务中心,服务中心职员必须在"遗留物品登记簿"上按要求做好登记和将资料输入电脑,分类将遗留物品存放在指定的位置。"遗留物品登记簿"登记项目包括:遗留物品的数量、质量、颜色、特征、时间、地点、拾获者姓名、工号等内容。一式两份,一份存底,一份连同遗留物品一起保存。

三、遗留物品的存放及保管期限

1. 贵重遗留物品存放在客房服务中心的保险箱内,保险箱的两把钥匙分别由保安部和客房服务中心保管。

2. 普通遗留物品存放在客房服务中心的遗留物品保管室。

3. 贵重遗留物品原则上保存一年,普通遗留物品原则上保存三个月,其他一些水果、饮料、开封的食品等视情况保存三天到一个月可作处理。

4. 到期的遗留物品定期由市公安局拾遗处人员收走,这期间要办好相应的交接手续和文字存档工作,交接表上需有保安部和客房部经理的签名确认。

四、遗留物品退还给客人的服务程序

1. 店内住客

(1) 客房服务中心职员查证核实住客的身份与遗留物品登记表的记录相符后与客人联系,征询客人取回遗留物品的具体时间。如有异议则要向客人解释清楚,并及时向主管经理反映。

(2) 由客房服务中心职员负责按照客人所提供的时间要求,把遗留物品送至客人房间,让客人在遗留物品登记表上签收确认。

(3) 遗留物品在送交客人前必须清点核实一次,面交客人时要逐项清点。

(4) 无误后登记、签名、填写工作单位领取,之后在遗留物品名单上贴上领取者证件复印件。

2. 店外客人

(1) 根据客人来电查询或通过联系确认有遗留的物品,征询取回物品的时间和途径,把所要办理的手续要求向客人解释清楚。

(2) 由客房服务中心职员负责按照客人所提供的时间要求,事先把遗留物品和登记表核实好,同时在当天把客人要前来认领遗留物品的时间信息告知大堂副理。

(3) 接到大堂副理的通知时,由客房服务中心职员负责把遗留物品送到大堂副理指定的地点位置,并配合客人办理有关领取手续。

(4) 如客人委托他人代领,代领人须出示身份证和客人委托书,并对照核实无

误后方能办理代领手续。否则，要请示大堂副理和部门经理处理。

（5）在完成遗留物品的交接后，将客人的身份证或护照号码记录在遗留物品的登记表上，由客人签字确认，并填写具体的交接时间。

任务评价

客人遗留物品处理评价表

第_____组　　组长

评价内容		分值/分	自我评价	小组评价
通知前台或客人	发现遗留物品立即通知前台查询客人是否离店	15		
	未离店立即交还给客人	15		
	客人离店设法通知客人	15		
拾遗登记	若客人离店则上交客房服务中心	10		
	做好遗留物品登记	15		
妥善保管	妥善保管	10		
	分类存放	20		

同步案例

失而复得的衣服

夏季的一天，客房部领班在查房时发现客房衣柜里有几件客人遗留的衣服。她感到很奇怪，立即查询前台，询问此房间的客人是否已经离店，并向客房服务中心通报了客人有遗留物品在房间，要求做好记录，留备客人查询，然后在工作表上做详细记录，注明时间和所发生事情的概况。经过查询，得知此房客人并没离店，而是转房去了其他楼层。这件事是当班的服务员小王在查房时没有发现客人遗留物品而造成的。而客人呢，却是在客房服务中心通知他领回自己衣物时，才发觉遗失了衣服。

案例点评

客人在转房或离店时收拾物品，会因粗心大意而遗留一些物品在房间。特别是那些不急用的东西，就更容易忽略。这就要求当班服务员在查房时一定要认真仔细、一丝不苟。此案例中的领班工作非常认真、仔细,发现问题后立即找客房服务中心协调解决,严格按照规定的程序处理客人遗留的衣服。由于发现及时,处理妥当,使转房的客人找回了自己的衣服,避免了可能产生的麻烦。

技能训练

搜集饭店相关服务案例,学生分组合作,情景模拟训练。

模块四　公共区域服务

饭店公共区域是指饭店公众共有、共享的区域和场所。公共区域服务负责饭店公共区域的卫生管理和设施设备维护保养。公共区域虽不属于饭店的核心部门，但其工作受众人瞩目，范围广，而且专业技术性较强，技术含量高，是饭店的重要组成部分。本模块包括常见地面材料的清洁保养、公共区域清洁两个项目。

项目一　常见地面材料的清洁保养

在饭店公共区域中，大堂等主要位置的地面通常用大理石铺设而成，以营造舒适宜人的氛围；而为了显示尊贵和降低噪音，地毯也是必不可少的装饰材料。地面的清洁保养是饭店清洁保养工作的重要内容，做好地面的清洁保养工作，既可美化环境，又能延长地面装饰材料的使用寿命，减少饭店维修或更换地面材料的投资。

任务 1　清洁器具及清洁剂识别

任务目标

1. 掌握饭店常见的清洁器具的种类和用途。
2. 掌握饭店常见的清洁剂的种类和用途。
3. 能按活动要求填写评价表。
4. 能主动学习，善于与他人合作，培养综合能力。

课时安排

2课时

任务描述

中职学生小王到饭店实习，第二周被分配到饭店大堂做保洁工作。实习第二天中午，原本早上还艳阳高照，顷刻间下起了倾盆大雨。此时正在饭店大堂用尘推清洁地面的小王，看见一大批客人纷纷从雨中跑进来，一眨眼的工夫，光洁闪亮的大理石地面就变得脏乱不堪。刚入职的小王显得手足无措。从前只用过尘推这类简单清洁工具的小王，此时真的不知道该使用哪些其他更好的清洁工具和清洁剂来进行饭店公共区域的清洁。

任务分析

公共区域范围广，除了住店客人之外，开会、用餐、购物甚至参观游览的人等，常常在公共区域驻足，而且习惯根据饭店公共区域是否整洁来判断饭店的管理和服务水平，其清洁保养工作质量的好坏将会给饭店的声誉带来极大的影响。小王应根据饭店公共区域可能出现的卫生状况，准备好相应的清洁剂和清洁器具，提前做好公共区域场地清洁卫生的准备工作。

任务实施

根据班级人数，将学生分为4~6人一组。以小组为单位认真阅读任务描述，获取信息，进行分析，掌握常规清洁器具和清洁剂的种类及用途。

一、公共区域常规清洁器具的分类

要做好饭店公共区域的清洁保养工作，必须要熟悉饭店公共区域清洁的各类器具，了解它们的用途，熟练掌握它们的操作方法。使用这些清洁器具，可以给客人营造舒适整洁的环境，是公共局域清洁保养不可或缺的好帮手。正确使用清洁器具或机械设备，不仅可以达到高效清洁的效果，而且可以避免由于使用不当而造成的财产损失，同时也能提高服务人员的工作效率。

（一）一般清洁器具

一般清洁器具包括手工操作和不需要电动机驱动的清洁设备，如抹布、扫帚、拖把、房务工作车、玻璃清洁器等。

1. 抹布

抹布是清洁保养工作中使用最多的工具之一，其用途很多，如除尘、除渍、吸水等。由于用途的不同，抹布也有不同的质地和规格。使用时应注意以下几点：

（1）为了防止抹布的混淆和交叉使用，抹布要有明显的区别标志。

（2）使用时，通常将抹布折叠使用，以提高工作效率。

（3）在使用抹布擦拭时，需根据不同情况采用不同的擦拭方法：

① 干擦：去除细微的灰尘，干擦用力不能太重；

② 半干擦：当灰尘较多时采用；

③ 水擦：去除污垢；

④ 利用清洁剂擦拭：去除不溶于水、含油脂的污垢时，应用抹布蘸清洁剂擦拭后，再用干净的抹布擦一遍。

2. 百洁布

饭店一般采用的是海绵百洁布，配合清洁剂使用，既能去除顽垢，又不损害物体表面，是饭店客房清扫员和工作人员必备清洁用品之一。

3. 尘推

尘推（尘拖），又称万向地推，由尘拖头、尘拖架两个部位组成。主要用于光滑地面的清洁保养工作，可将地面的砂砾、尘土等带走，以减轻磨损。

4. 玻璃清洁器

玻璃清洁器由伸缩杆、"T"形把、橡皮刮和其他配件构成，主要用于清洁玻璃、镜面，也可用于清洁其他光滑的面层。

5. 其他清洁器具

饭店客房部公共区域常见的清洁用具还有扫帚、簸箕以及拖把、面盆刷、浴缸刷、便器刷、油灰刀等。

（二）机器清洁设备

机器清洁设备是指需要经过电动机驱动的清洁设备。

1. 吸尘器

有直立式吸尘器、吸引力式吸尘器和混合式吸尘器之分。应用范围很广，可用于清洁地板、家具、帘帐、垫套和地毯等。

2. 吸水机

对洗地毯机洗刷后的地毯进行抽吸，任何顽固的残渣都能被彻底抽除。

3. 抽洗机

喷液、擦洗、吸水三个动作同步进行，洗涤力强，去污效果好。但操作起来较笨重，对地毯的破坏性较大，这种洗涤方法宜少用。

4. 干泡机

几乎适用于各种地毯的清洗，对不脏的地毯和纯羊毛地毯来说，清洗效果颇佳，而且对地毯损伤较小。但如果地毯很脏，难以一次性清洗干净，在清洗前，必须进行手工局部除渍。

5. 洗地机

具有擦洗机和吸水机的功能，适用于饭店大厅、走廊、停车场等面积较大的地方。

6. 晶面机

晶面机又叫石材翻新机，通过高速旋转打磨石材表面，以达到对地面的清洁、保养及翻新的效果。晶面机具有洗地、洗地毯、起蜡、低速磨光四大功能，根据不同用途，装上相应的刷盘，主要用于饭店大堂的大理石、花岗岩等石质地面的日常清洁保养。

7. 高压喷水机

适用于垃圾场、外墙、停车场、游泳池等处的冲洗。

二、饭店常用清洁剂的分类

使用合适的清洁剂不仅省时、省力，提高工作效率，而且对延长被清洁物的使用寿命很有益处，但清洁剂和被清洁物都有较复杂的化学成分和性能，若清洁剂使用不当，不仅达不到预期效果，相反会损伤被清洁物品，因此，选择合适的清洁剂对饭店来说是非常重要的。目前饭店常用的清洁剂大致有以下几种：

（一）酸性清洁剂（0<PH<7）

因酸性具有一定的杀菌除臭功能，所以酸性清洁剂主要用于卫生间的清洁。酸性清洁剂通常为液体，也有少数为粉状。因酸有腐蚀性，所以在用量、使用方法上都需特别留意，使用前要特别留意说明书，最好先做小面积试用。禁止在地毯、石材、木器和金属器皿上使用酸性清洁剂。

1. 盐酸（PH=1）

主要用于清除基建时留下的污垢，如水泥、石灰等斑垢。

2. 硫酸钠（PH=5）

能与尿碱起中和反应，可用于卫生间马桶的清洁，但不能常用且必须少量。

3. 草酸（PH=2）

用途与盐酸、硫酸钠相同，只是清洁效果更强于硫酸钠，使用时要特别注意。

以上三种酸性清洁剂都可少量配备，用于清除顽固尘垢或计划卫生。但使用前必须加以稀释，且不能将浓缩液直接倒在被清洁物表面。

4. 马桶清洁剂（1≤PH≤5）

马桶清洁剂呈酸性，但含合成抗酸剂，以增加安全系数，有特殊的洗涤除臭和杀菌功效，主要用于清洁卫生间马桶、男用便器、洗手盆等用具。使用时应先按说明书稀释，且注意必须倒在马桶和便池内清水中，不能直接倒在被清洁物表面。

5. 消毒剂（5<PH<9）

主要是呈酸性，可作为卫生间的消毒剂，又可用于消毒杯具，但一定要用水漂净。（"84"消毒液即为较好的一种）

（二）中性清洁剂

化学上把PH=7的物质称为中性物质，其配方温和，可起到清洗和保护被清洁物品的作用，因此在日常清洁卫生中被广泛运用。中性清洁剂有液体、粉状和膏状，其缺点是无法或很难去除积聚严重的污垢，现在饭店广泛使用的多功能清洁剂即属此类。

1. 多功能清洁剂

在酒店广泛使用的多功能清洁剂，呈弱碱性，主要含表面活性剂，可去除油垢，除不能用来洗涤地毯外，其他地方均可使用。它不仅很少损伤物体表面，还具有防止生霉的功效，是酒店用量最大的一种清洁剂，宜用于日常卫生，但对特殊污垢作用不大，使用前要根据说明进行稀释。

2. 洗地毯剂

这是一种专门用于洗涤地毯的中性清洁剂，因含泡沫稳定剂的量有区别，可分为高泡和低泡两种形式。低泡一般用于抽洗地毯，高泡用于干洗地毯，若用低泡洗地毯剂宜用温水稀释，去污效果更好。

（三）碱性清洁剂（7≤PH≤14）

碱性清洁剂对于清除油脂类脏垢和酸性污垢有较好效果，但在使用前应稀释，用后应用清水漂清，否则时间长了会损坏被清洁物品的表面。碱性清洁剂既有液体、乳状，又有粉状、膏状。

1. 玻璃清洁剂（7≤PH≤10）

玻璃清洁剂有桶装和高压喷罐装两种，桶装玻璃清洁剂类似于多功能清洁剂，主要功能是除污斑；使用时需装在喷壶内对准脏迹喷一下，然后用干布擦拭即光亮如新，后一种内含挥发性溶剂、芳香剂等，可去除油垢，用后留有芳香味，且会在玻璃表面留下透明保护膜，更方便以后的清洁工作，省时省力效果好，但价格较高。

2. 家具蜡（8≤PH≤9）

在每天的客房清扫中，服务员只是用湿布对家具进行除尘，家具表面的油污等不能去除，可定期用稀释的多功能清洁剂进行彻底除垢，但长期使用会使家具表面失去光泽，还应定期使用家具蜡。家具蜡形态有乳液、喷雾型、液体状等几种，它具有清洁和上光双重功能，既可去除家具表面动物性和植物性油污，又可形成透明保护膜，具有防静电、防霉的作用。使用方法是将适量家具蜡倒在干抹布或家具表面上，擦拭一遍，其作用是清洁家具，15分钟后再用同样方法擦拭一遍，这一遍是上光。

3. 起蜡水（10<PH<14）

用于需要再次打蜡的大理石、木质地面，起蜡水碱性强，可将陈蜡及脏垢浮起而达到去蜡功效。使用时应注意需反复漂清地面后才能再次上蜡。

（四）上光剂

1. 擦铜水

擦铜水呈糊状，主要原理是氧化掉铜表面的铜锈而达到清洁光亮铜制品的目的，应注意的是只能用于纯铜制品，不能用于镀铜制品，否则会将镀层氧化掉。

2. 金属上光剂

含轻微磨蚀剂、脂肪酸、溶剂和水。主要用于铜制品和金属制品，如水龙头、卷纸架、浴帘杆、毛巾架、锁把、扶手等，可起到除锈、去污、上光的作用。金属上光剂只限于纯金属制品使用。

3. 地面蜡

地面蜡有封蜡和面蜡之分。封蜡主要用于第一层底蜡，内含填充物，可堵塞地面表层的细孔，起光滑作用；面蜡主要是打磨上光，增加地面光洁度和反光强度，使地面更为美观。蜡有水基和油基两种。水基蜡一般用于大理石地面，其主要成分是高分子聚合物，干燥会形成一层薄薄的保护膜；油基蜡主要成分是矿物石蜡，常用于木板地面。蜡的形态有固体、膏体、液体三种，比较常用的是膏状、液体这两种地面蜡。

（五）溶剂类

1. 地毯除渍剂

专门用于清除地毯上的特殊斑渍，对羊毛地毯尤为合适。地毯除渍剂种类很多，如清除果汁色斑、清除油脂类脏斑、清除口香糖等。但地毯上有脏斑应及时擦除，否则除渍效果不明显。

2. 牵尘剂（静电水）

用于浸泡尘推，对大理石、木板地面进行日常清洁和维护，达到清洁保养地面的效果。

3. 杀虫剂

这里指喷罐装高效杀虫剂，由服务员使用，对房间喷射后密闭片刻，可杀死蚊、蝇和蟑螂等爬虫和飞虫。但对老鼠则应购买专门的灭鼠药或请专业公司进行处理。

4. 酒精

适用于电话消毒等清洁项目。

5. 空气清新剂

空气清新剂品种很多，产品质量的差距很大。辨别质量优劣的最简单方法就是看留香时间的长短，留香时间长则质量较好。空气清新剂具有杀菌、去异味、芳香空气的作用。

任务评价

清洁器具及清洁剂识别

第_____组　　组长

评价内容	分值/分	自我评价	小组评价
识别清洁器具的种类及其用途	50		
识别清洁剂的种类及其用途	50		

知识链接

十种环保清洁剂

1. 小苏打

小苏打的主要成分是碳酸氢钠，属于食用碱，去污力很强。用60克小苏打和500毫升的水混合，制成的苏打水可随时使用，用来擦水龙头和灶台等。

2. 茶叶

茶叶里含有茶多酚、茶叶碱等多种成分，有吸附异味的作用，是天然的空气清新剂。红茶吸附异味的作用更强，一盆热水里放入150克红茶，放在客厅（或是有异味的房间）中央，并且开窗透气，就能消除刺激性异味。

3. 食盐

盐的吸附力很强，刚刚撒到衣服或地毯上的水果汁、茶水等，可以用盐吸出来。新衣服用淡盐水洗一遍可防止褪色。此外，用浓盐水擦拭家具，可防止木质朽坏，延长家具的使用寿命。

4. 食醋

食醋的主要成分是醋酸及有机酸，能溶解油污，还能杀菌、防霉、去除异味。用海绵蘸白醋清洗不锈钢台面，可恢复原来的光泽。

5. 淘米水

淘米水中含有粗纤维、钾、淀粉等多种成分，头一两道淘米水呈弱酸性，洗过两遍之后就呈弱碱性，洗净力适中，质地温和，被称为"天然洗洁精"。用淘米水洗手，不仅能去污，还能使皮肤滋润光滑。除了洗碗碟与洗菜外，铁质的锅铲、菜刀等用淘米水泡过可以去锈。

6. 柠檬

柠檬具有天然杀菌功能，可用来清洗饮水机，避免化学清洗剂的残留。柠檬皮加水和白醋，擦拭玻璃器皿可使其表面光亮。

7. 发酸的牛奶

过期发酸的牛奶虽然不能食用，却是良好的木地板清洁剂。因为发酸的牛奶乳酸含量增加，可以去掉污垢，保养地板。先把牛奶倒进脸盆里，用两倍的水搅拌均匀，再把抹布放到水里浸润后拧干，用力擦拭后会发现地板变得光亮如新了。

8. 香蕉皮

香蕉皮中含有鞣质，与皮革上的污渍相互吸引，既除污又有抛光作用，能保护皮面。用香蕉皮擦拭弄脏了的皮沙发或皮包上的油污，既光亮又漂亮；擦皮鞋的效果也很好。

9. 鸡蛋

鸡蛋里含有多种蛋白质和脂肪，能保养皮革。脏了的真皮沙发或皮包，用一块干净的绒布蘸些蛋清擦拭真皮表面，既去除污渍，又能使皮面恢复光亮。

10. 纸巾

纸纤维可以吸附油性物质，尤其对液体状的油污吸附力大。用柔软的纸巾擦掉碗碟上的油污，会令清洗更容易。

清洗剂使用和管理的误区

1. 在清洁保养工作中，清洗剂的用量越多越好

任何清洗剂，如果一次性使用过多，未必能达到所期望的效果，甚至可能产生严重的副作用，如损坏清洁保养的对象、造成环境污染等。应该有这样的意识，即每天、定期去做好有计划的清洁工作，使用适当适量的清洁剂，不仅省时、省力和节约成本，而且会延长被清洁物的寿命，增加其价值。

2. 只注意清洁保养，忽视环境保护

清洁剂是化学制品，如果只注意清洁剂的清洁和保养效果，往往会忽视对环境的保护。因此，要严格选用和管理化学清洁剂，尽量选用环保制品；注意对污物泄散进行处理，避免污染环境。

3. 与固定厂商签订长期合同，以期获得价格优惠

虽然与固定的生产厂家或供应商签订长期合约能够获得价格上的优惠，但可能因此而影响产品的质量保证。如果产品的质量得不到保证，所造成的损失可能比价格上的优惠大得多，结果是得不偿失的。

任务 2　大理石地面的清洁保养

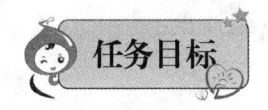

任务目标

1. 熟悉大理石地面清洁保养的工具。
2. 掌握大理石晶面处理的程序。
3. 掌握大理石晶面处理的操作技能。
4. 能按活动要求填写评价表。
5. 能主动学习，善于与他人合作，熟练掌握操作技能。

课时安排

4 课时

任务描述

为了熟悉饭店各岗位的工作流程，实习生小王本周在饭店大堂公共区域轮岗。今天他要跟着李师傅学习如何对饭店公共区域的大理石进行晶面处理。对大理石进行晶面处理，小王只学过相关的理论知识，还从来没有亲身实践过，尤其是操作晶面机。

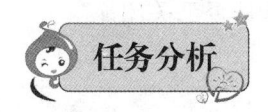

任务分析

饭店大理石晶面处理是一项十分重要的工作，事关饭店公共区域的环境格调。而晶面处理作为大理石保养最有效、最持久和最经济的方法之一，每一位饭店保洁人员必须掌握这项技能。

任务实施

根据班级人数，将学生分为 4~6 人一组。以小组为单位认真阅读任务描述，获取信息，进行分析，掌握大理石晶面处理的程序和操作技能。

一、大理石晶面处理的程序

（一）准备

1. 准备工具：晶面机、吸水吸尘器、红色百洁垫、钢丝棉、尘推、告示牌。
2. 准备清洁剂：起蜡水、K2、K3 结晶水。
3. 在晶面底部装上针盘，钢丝棉盘在红色百洁布上，然后放到针盘上。
4. 放置工作进行牌。

（二）清洁

1. 用起蜡水，配清洗机对地面进行起蜡清洗。要注意清洗剂朝着一个方向采用横向一字形进行清洗。
2. 用清水过一遍地面，待地面干透，必要时多漂洗一次。

（三）喷剂

将 K2 均匀喷在大理石表面上，在喷洒时必须要保持均匀，并且每次面积不宜太大（3~5 平方米）。

（四）打磨

1. 用晶面机进行打磨，打磨时注意用力均匀，直至磨干发亮。
2. 将 K3 喷在打磨过的地面上。
3. 再次打磨直至发亮为止。

（五）推尘

1. 用尘推对地面进行推尘，推尘过程必须沿直线，先从一侧开始。尘推不可离地，不可来回拖拽，也可用吸尘器吸尘。
2. 用湿布抹干边角残留的结晶水。

（六）善后

清洗相关工具，将工具存放于指定位置，并检查电器的电源是否已关闭。

二、注意事项

1. 注意晶面机电源是否破损、打结，插头是否破裂、松动，防止触电。
2. 注意做好大理石地面的防滑工作。
3. 清洁时要选用红色、白色百洁垫清洗，忌用洗地刷，因为洗地刷的不规则压力及硬度易磨损地面。
4. 如工作中断，必须确保钢丝棉和地板之间没有接触。

任务评价

大理石晶面处理评价表

第____组	组长			
	评价内容	分值/分	自我评价	小组评价
准备	准备工作到位，工具齐全，在指定位置设置好工作牌	10		
清洁	注意墙角、清洗彻底	20		
喷剂	喷洒均匀，准确把握每次喷洒面积	20		
打磨	操作熟练，从前往后退，循序渐进，大理石地面光亮如新	30		
推尘	地面完全干燥，光亮如镜	10		
善后	工具清洁干净，工具归置到位	10		

知识链接

大理石清洁保养四部曲

一、大理石很脆弱，害怕硬物的撞击、敲打，所以平时应注意防止铁器等重物磕砸石面，以免出现凹坑，影响美观。

二、大理石容易污染，清洁时应用少量水，定期以微湿带有温和洗涤剂的布擦拭台面，然后用清洁的软布抹干和擦亮，当表面玷污时宜以一些较淡的腐蚀剂如柠檬汁或者醋清洁污痕，切忌使用肥皂水或苏打粉等易损大理石本质的物料来擦。使用柠檬汁也应该十分注意，其停留时间最好不要超过2分钟，必要时可重复操作，然后清洗并及时擦干。对于化妆品、茶和烟草污迹，可涂上双氧水，停留两小时，然后清洗并擦干。对于油迹，可用乙醇（酒精）、丙酮（木精）或打火机电油擦拭，然后清洗并擦干。若大理石家具被烟蒂烧焦，应考虑请人修复。

三、对于轻微擦伤的大理石家具，可用专门的大理石清洁剂和护理剂；磨损严重的大理石家具难以处理，可用钢丝绒擦拭，然后用电动磨光机磨光，使它恢复原有的光泽。对于古旧或贵重的大理石家具应请专业人士处理。

四、油了漆的大理石家具必须用漆层剥离剂处理，并严格遵照产品说明。清除了全部油漆后，用钢丝绒擦拭，用电动磨光机磨光。

大理石打蜡具体要求

一、推尘，除去地面浮尘

二、除去旧蜡

用拖把将起蜡水均匀布于待洗地面，用洗地机擦洗，擦洗后应迅速用吸水机或拖把将起蜡溶液吸走，如洗涤面积较大，可分区域起蜡。起蜡后，可站于侧面对着光线查看，若有斑迹，可使用钢丝绒擦除。

三、清水漂洗

用清水反复漂洗过清地面，然后用吸水机或拖把吸水。

四、打蜡、抛光

待地面完全干透后，用干净的棉拖或者专用的落蜡工具将第一层蜡（封蜡）均匀涂于地面。待表层风干约10~30分钟后用抛光剂轻度打磨，使蜡面光亮牢固。第一层蜡完全干透后再上第二层，方法与第一层相同。等第二层蜡干透后，再上一层很薄的蜡面，最后再上一层封蜡。注意每涂一层，要等干后用机器磨去粗糙不平处，然后再涂另一层蜡。封蜡要在12~16小时后才能干。

五、结束工作

全部完成后，一天左右可以撤除防滑警示牌，家具物件复位，及时检查、清洁各清洁器具以备用。

同步案例

客人摔倒了

晚上12点多，烟台中心大酒店工作人员在给饭店大堂地面打蜡，由于地面打蜡后很湿滑，清洁工人非常小心，在工作场所的周边设有安全围栏，并设有警示标志。不料仍有一位女客人跨越围栏进入工作区域，因而滑倒，一屁股坐下，因身胖体重，造成骨盆摔伤，紧急送往医院。饭店承诺负担医药费、负责赔偿，哪知该客人还是把饭店告上了法院。当初，饭店以为已经尽到了预防的责任，已设有安全围栏，又有警示标志，但司法人员在查看现场后，发现饭店有疏忽的过失。他说，一楼施工，围栏设在电梯口，就应该不让电梯在一楼停，有人从电梯出来，怎么可能不跨越围栏？此外，还应该在地下一楼设下围栏及警示标志，警告行人应该从另一个方向上楼，这才算是尽到防范的责任。在本案例中，饭店虽然已有所注意，但仍不算周全，所以难推其责。

案例分析

本事件在处理上有值得研究之处。该受伤的女客人因不是住店客人，所以饭店未能全心照顾，且认为既已承诺赔偿，应该不会再节外生枝，未料在尚未达成赔偿协议前，她已经向法院提起诉讼，实在是赔了夫人又折兵。处理意外事故的专案小组应由保安主管负责召集，因其与公安机关、司法机关较为熟悉，并比较了解法律知识。饭店对每一个意外事件的发生及处理过程都要深刻反思，吸取教训。以本案中引起事端的清洁部门来说，认为自己已经尽到警戒责任却仍然被告诉将承担法律责任，感到委屈，似乎不能接受教训，这一点饭店是值得重视的。

技能训练

学生分组，进行大理石晶面处理的模拟训练。

任务 3　地毯的清洁保养

任务目标

1. 熟悉地毯清洁保养的工具。
2. 掌握地毯清洁保养的程序。
3. 掌握地毯清洗的操作技能。
4. 能按活动要求填写评价表。
5. 能主动学习，善于与他人合作，熟练掌握操作技能。

课时安排

4 课时

任务描述

小王是烟台中心大饭店的保洁员，他每天的工作任务非常繁重。因为这家饭店的入住率很高，每天都会有大量的游客、商务人士、政府要员等客人来往穿梭。这一天，小王像往常一样正在饭店走廊一侧用尘推机清洁地面，突然接到一个紧急电话，主管告诉他，在大堂休息处一位小朋友不小心打翻了一杯咖啡，客人茫然不知所措，请前台告诉了主管。当小王匆忙赶过去的时候，一眨眼的工夫，高贵典雅的地毯上留下了黑漆漆的一块咖啡渍，非常显眼难看。针对这一情况，用普通的方法除渍是没有用的。那么小王该如何来挽救这块昂贵又漂亮的地毯呢？

任务分析

大部分高星级饭店都会铺设地毯，所以地毯清洗是饭店中一项非常重要的工作。进行地毯清洁的操作人员都要经过专业培训，因为地毯的质地不尽相同，要使用不同的机器和清洗剂，所以要想保养好地毯，首先清洗人员要掌握好最基本的操作要领，熟悉地毯清洗的程序和标准，只有这样才能做好地毯的清洗工作，以达到地毯保养的最佳效果，延长其使用寿命，节约饭店支出成本。

任务实施

根据班级人数，将学生分为4~6人一组。以小组为单位认真阅读任务描述，获取信息，进行分析，掌握地毯清洗的程序和操作技能。

一、地毯清洗的程序

（一）准备

1. 在准备清洗的工作区域，竖立"工作进行中"的告示牌。
2. 准备好各类清洁剂和清洁器具。
3. 将所需的用具备齐，同时检查用具是否完好。检查各电动机器的电插头、电线等。

（二）吸尘

首先认真检查地毯上是否有牙签、针、石子等硬物，然后按顺序对地毯全面吸尘，注意边角。

（三）除渍

1. 用刀、匙或刷子等清除地毯表面固体，用力不宜过猛，否则会损伤纤维组织和地毯表面。
2. 用纸巾或棉纸吸去表面残留的液体。
3. 用干净白布或海绵蘸适当的去污剂洗掉污渍，可以用小刷子从污渍的边缘擦起，逐渐向中心缩小范围，防止污迹向外扩散。

4. 洗干净后立即吸干水分。

(四) 清洗

1. 干泡机平放地面后，将地毯刷按顺时针方向装在地毯机的底座。

2. 将清水注入泡箱后，再用量杯加入适量已稀释的地毯清洁剂。

3. 接通电源，检查机器是否通电。

4. 启动泡沫控制开关，当泡沫出现在地毯刷周围时，再开启地毯机的开关。

5. 操作时同时提压手把，使机械本身移动，人体自然随机械移动。

(五) 结束工作

1. 工作完成后，切断电源，卸下地毯刷盘，挂到机器上。

2. 用抹布把边角擦拭干净，地毯无水残留。

3. 用风干机干燥清洗过的地毯。

4. 地毯干透后用直立式吸尘器打松、吸尘。

5. 冲洗刷盘、清洗过滤网，擦干净电线并卷挂整齐，然后将机器放回原处。

二、注意事项

1. 对机器未能清洗到的边角要进行去迹处理。

2. 在地毯未干透的情况下，非必要原因不能进入已清洗的地毯区域，以免影响清洁效果。

3. 工具清洁干净，归置到位。

任务评价

地毯清洗的程序评价表

第____组	组长			
	评价内容	分值/分	自我评价	小组评价
准备	准备工作到位，工具齐全，在指定位置设置好工作牌，注意检查电动机器，尤其注意电插头和电线	10		
吸尘	吸尘应按顺序进行，全面彻底	20		
除渍	去除污渍擦拭方法正确，由边缘擦逐渐向中心缩小范围，不损伤地毯	20		
清洗	地毯清洁剂稀释比例正确，清洗时用来回重叠的方法从里到外进行	30		
结束	地毯毛完全干透，用直立式吸尘器打	20		

知识链接

有关地毯的常识

一、地毯的种类

按材质分类，地毯可以分为纯羊毛地毯、混纺地毯、化纤地毯和塑料地毯等。

1. 纯毛地毯

纯毛地毯又称羊毛地毯。它毛质细密，具有天然的弹性，受压后能很快恢复原状；采用天然纤维，不带静电，不易吸尘土，还具有天然的阻燃性。纯毛地毯图案精美，色泽典雅，不易老化、褪色，具有吸音、保暖、脚感舒适等特点。

2. 混纺地毯

混纺地毯也就是业内常说的二八毛，即80%羊毛、20%人造纤维。这种混纺的手法可以有效延长地毯的使用寿命至原来的3~5倍，并且兼具羊毛地毯的舒适性和人造化纤地毯实用性。

3. 化纤地毯

化纤地毯也称合成纤维地毯，种类较多，有尼龙、棉纶、腈纶、涤纶地毯等。最常见、最常用的是尼龙地毯，它最大的特点是耐磨性强，同时克服纯毛地毯易腐蚀、易霉变的缺点，它的图案、花色近似纯毛，但助燃性、抗静电性相对要差一些。

4. 塑料和橡胶地毯

塑料或橡胶地毯被称作疏水毯，也是极为常见常用的一种，它具有防水、防滑、易清理的特点，通常置于饭店大门口及卫浴间。

二、地毯的清洁保养

1. 采取必要的防脏防污措施

采取必要的防脏防污措施，可避免和减轻地毯的脏污。这是地毯清洁保养最积极、最经济、最有效的措施。饭店一般在出入口铺有长毯或蹭鞋垫，用以清除行人脚上的灰尘、泥土、污水或其他污迹，避免将地毯弄脏。在地毯启用前，可以喷洒专用防污剂。在客人将瓜果带进客房时，服务员应提供用具，尽可能多地采取一些措施以尽量减少地毯被弄脏的机会。

2. 经常吸尘

彻底吸尘，是保养地毯最关键的工作。地毯必须每天吸尘，人多的地方一天要吸多次，经常吸尘可减少洗地毯的次数及恢复地毯的纤维弹性，使地毯保持柔软。

3. 局部除迹

地毯上经常会有局部小块斑迹，如饮料迹、食物斑迹等。对于这些小块斑迹不可轻视，应及时清除，这样可使地毯保持良好清洁状态，避免污迹的渗透扩散，防止因滞留时间过长而增加清洁工作难度，甚至变成顽迹而难以清除，减少因加强清除的力度给地毯造成的伤害。

(1) 常见的地毯污渍处理方法

咖啡：用干布彻底吸干咖啡液，用海绵蘸上清洁剂溶液擦拭，吸干溶液，然后再用海绵蘸上清水擦拭，吸干水分。如果污迹存留的时间较长，可用漂白剂溶液清除，吸干溶液后，可再用海绵蘸上清水擦拭，并吸干水分。

可乐：用干布将可乐吸干，用海绵蘸干洗剂擦拭，吸干溶液。然后再用海绵蘸上清水擦拭，并吸干水分。

黄油：将能够刮掉的黄油刮掉，用海绵蘸上干洗剂擦拭，吸干。如有必要，可反复进行。

蜡迹：在蜡迹上铺上潮布，用熨斗熨烫，使熔化的蜡液被潮布吸除。

果汁：用干布吸干果汁，用海绵蘸上清洁剂溶液擦拭，吸干溶液，再用海绵蘸上清水擦拭，吸干。如仍有色斑，可用漂白剂溶液清除。

一般食物：清除食物，吸干汁水；在食物斑迹上喷洒清洁剂溶液，用软刷轻刷再用干布吸干溶液，然后再喷洒清水，吸干水分。

油腻食物：彻底清除食物，吸干汁水；再用海绵块蘸上干洗剂擦拭，用干布吸干，如污染较重，可用软刷擦刷。

尿液：用干布吸干尿液，再用海绵块蘸上酸性清洁剂擦拭，吸干；用清水洗干净，吸干水分。

血迹：吸干血液，用冷水浸泡，用干布吸干，然后用海绵块蘸上清洁剂擦拭，吸干溶液，再用清水洗干净，吸干水分。

口香糖：用口香糖除迹剂喷在口香糖上，待其硬化后，再用硬物将其敲碎，铲除。

番茄酱：彻底刮去番茄酱，再用海绵块蘸上清洁剂溶液擦拭吸干溶液，然后再用海绵块蘸上清水擦拭并吸干水分，如有必要可反复进行，如果有色斑，可用海绵块蘸上漂白剂溶液擦拭，吸干溶液，然后再用海绵块蘸上清水擦拭，并吸干水分。

奶油：彻底吸干奶油，用海绵块蘸上清洁剂溶液擦拭，吸干溶液，再用海绵块蘸上清水擦拭，并吸干水分。

呕吐物：彻底刮去并吸干脏物，用海绵块蘸上清洁剂溶液擦拭，吸干溶液，再用海绵块蘸上干洗剂揩拭，并吸干水分。

油脂：用海绵蘸上干洗剂揩拭，并吸干。

牛奶：彻底吸干汁水，用海绵块蘸上清洁剂溶液擦拭，吸干溶液，然后再用海绵蘸上清水擦拭，并吸干水分。如有色斑不易清除，可用海绵块蘸上干洗剂擦拭，并吸干。

墨水：彻底吸干墨水，用海绵蘸上清洁剂溶液擦拭，吸干溶液，然后再用海绵蘸上清水擦拭，并吸干水分，如难以擦去，可用海绵蘸上漂白剂溶液擦拭，吸干溶液，然后再用海绵蘸上清水擦拭，吸干水分。

葡萄酒：彻底吸干酒液，用海绵蘸上清洁剂溶液擦拭，吸干溶液，再用海绵蘸上清水擦拭，吸干水分。

鞋油：用海绵蘸上干洗剂擦拭，吸干。如有色斑难以清除，用海绵蘸上清水清洗干净，吸干。

茶水：用海绵蘸上酸性清洁剂擦拭，吸干溶液，再用清水清洗干净，吸干。

口红、指甲油：用海绵蘸上醋酸或专用清洁剂擦拭，吸干，然后再用清水清洗干净，吸干水分。

烧伤：如果地毯只是轻度烧伤，可用软刷擦刷，将烧焦的纤维清除，或用剪刀将烧焦的一端剪去，然后再用海绵蘸上清洁剂揩拭，用清水清洗。吸干后，用软刷将周围的纤维梳理好。如果地毯被烧得比较严重，痕迹明显，用一般的方法难以清除，则将烧坏部分割掉，再用同样大小的地毯块补上，补的办法有胶贴、织补等，尽量不留痕迹。

痕迹：为防止家具在地毯留下压痕，可使用家具垫，对已经出现的压痕可以用熨斗熨烫整齐，熨烫后再用刷子梳理地毯绒。

（2）局部污迹清除注意事项

地毯清洁保养过程中所能遇到污迹种类很多，在对这些局部污迹进行个别清除时，应注意以下几点：

① 用清水湿润污迹周边地毯，以防止污迹潮湿后向周边扩散。

② 污迹比较严重时，用软刷擦刷比用海绵擦拭效果更好。擦刷应采用旋刷的办法，以减轻对地毯纤维的损伤。

③ 清洁剂如用温水调兑，效果更好。

④ 使用清洁剂后，必须用清水清洗干净，以减轻清洁剂对地毯的损伤。

⑤ 适时对地毯进行全面彻底清洗。

4. 适时清洗

对地毯进行全面彻底清洗易对地毯造成损伤，如：设备对地毯的磨损；化学品对地毯的腐蚀；地毯受潮会缩水、变形、腐烂、褪色，加速地毯老化，难以恢复地毯原有的艺术魅力等。因此，地毯不宜过于频繁地清洗。目前常用的方法有：湿旋法、干泡擦洗法、喷吸法、干粉除垢法等。

（1）湿旋法

湿旋法是最传统而又最普通的地毯清洗法。清洗设备有：盘刷机、吸水机；清洁剂为专用清洁剂。湿旋法对地毯的伤害最大。采用此方法清洗后的地毯纤维易被拉断，残留的清洁剂和污物较多，容易使地毯受潮、缩水、褪色、霉烂。因此，一般情况下，不宜采用这种方法。

(2) 干泡擦洗法

干泡擦洗法是用干泡机将干泡洗涤剂压缩打泡后喷洒在地毯上，机器底部的擦盘同时擦洗地毯，使干泡渗入到地毯纤维中，可将污物与纤维分离。分离后的污物与干泡结成晶体，一段时间（半小时左右）后用吸尘器吸除。使用吸尘器还可将绒毯复原。

(3) 喷吸法

喷吸法就是用高压将冷（热）水稀释的清洁剂溶液喷射到地毯纤维组织，在高压和清洗剂的双重作用下，将污垢与地毯纤维分离，同时用吸口将污迹溶液从地毯纤维中吸出。这种方法的特点是操作方便，对地毯的直接伤害较小。清洗后，地毯湿度较大，干燥时间长。一般用于清洗化纤地毯。

(4) 干粉除污法

干粉除污就是将专用干粉撒在地毯上，用机器碾压，使之渗进地毯中，让干粉在地毯中滞留一段时间后，用吸尘器将干粉及污垢吸除。这种方法基本不伤害地毯，但仅适用于污物较少的地毯。

同步案例

地毯破洞引起的思考

一年轻人不小心烧坏饭店地毯，退房时服务员说根据饭店规定，每个洞要赔偿100元。年轻人："你确定是一个洞100元吗？"服务员："是。"年轻人点燃烟头将三个小洞烧成一大洞。

案例分析

本案例看似幽默，却值得饭店反思：
1. 考核标准在哪里，人们的行动就在哪里。
2. 不要只站在自己的角度订立标准。
3. 漏洞有时是致命的。

技能训练

学生分组，进行地毯清洗的模拟训练。

项目二　公共区域清洁

饭店公共区域的清洁保养水准直接影响或代表整个饭店的环境水平和服务水准。客人往往根据其对饭店公共区域的感受来评判饭店的管理水平和服务质量。另外,饭店公共区域的设施设备很多,投资较大,其清洁保养工作也会直接影响到饭店的日常运营及设施设备的使用寿命。因此,做好饭店公共区域的清洁保养工作有着特别重要的意义。

任务1　大堂的清洁保养

任务目标

1. 掌握大堂清洁保养的程序。
2. 能熟练进行大堂清洁保养工作。
3. 能按活动要求填写评价表。
4. 能主动学习,善于与他人合作,熟练掌握操作技能。

课时安排

4课时

任务描述

李先生和几位朋友在饭店大堂休息处的沙发上聊天。李先生为了抽烟,顺手把放在茶几中间的烟灰缸移到靠近自己的一侧。保洁员小王看到烟灰缸中有了三四个烟头，就把脏烟灰缸撤下，再把干净的烟灰缸放在茶几中间位置。李先生刚要弹烟灰，却发现烟灰缸放在他不方便的地方，于是抱怨说："小姐，能不能把烟灰缸放在靠近我的地方？"小王回答说："对不起，先生，饭店服务标准规定我们将烟灰缸放在茶几的中间。"李先生不由得皱起了眉头，保洁员小王错在哪里？

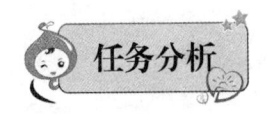

任务分析

饭店公共区域的各个部分由于所处位置不同、功能不同、设备材料及装饰布置不同等多种原因，其清洁保养工作和要求也就不尽相同。当班的保洁员小王对大堂休息区茶几烟灰缸的清理只是全部工作的一部分。

任务实施

根据班级人数，将学生分为4~6人一组。以小组为单位认真阅读任务描述，获取信息，进行分析，掌握大堂清洁保养的程序并能熟练操作。

一、准备工作

1. 整理仪容仪表。
2. 准备工具：清洁篮、托盘、清洁布、告示牌、干泡洗地毯机。
3. 准备清洁剂：玻璃清洁剂、干泡洗地毯机。
4. 检查清洁用具用品是否在正常使用期限。

二、推尘工作

1. 饭店大堂若是硬质地面，在客人活动频繁的白天，必须不停地进行推尘工作，保持地面光亮、无污渍、痰渍、脚印及划痕。
2. 雨雪天时，大堂休息区应及时擦净地面泥沙和水迹。

三、清理烟灰缸

1. 替换烟灰缸时，用托盘盛放干净的烟灰缸，先把干净的烟灰缸放到脏的烟灰缸的上面，然后一起放到托盘里，然后将另一个干净的烟灰缸换上。发现烟灰缸内有烟头、纸屑等杂物，也应及时处理掉，烟头不得超过三个。
2. 若客人正在使用，应将干净的烟灰缸放回原处，以方便客人。

四、整理座位

1. 大堂休息区的沙发、茶几等，由于客人使用频繁，应及时清理地面、沙发、茶几上的垃圾。沙发一周进行一次吸尘，注意接缝处。
2. 对皮质沙发需用专用的清洁剂进行擦拭。

五、除尘工作

1. PA岗服务员必须不断地巡查大堂区，抹去浮尘，包括休息区台灯灯座、花盆(捡去烟头、火柴梗、杂物)、茶几等。
2. 灯罩用干抹布除尘，注意安全。

六、护绿保洁

1. 植物保持新鲜、生长旺盛，花盘及花垫洁净，无杂物、花叶。
2. 经常用抹布擦拭大堂内绿色植物枝叶，去掉上面的浮灰。
3. 所有装饰品保持干净。
4. 壁灯光亮无灰尘。

七、清洗地毯

1. 一般在晚间进行，因为那时人流量相对较小、对客人影响较小。
2. 先对地毯外围作吸尘处理。
3. 保持地毯干净，地毯无尘土、无死角。

八、对客服务

1. 主动热情地向客人问好。
2. 用礼貌的语言表达对客人的要求。
3. 为客人递茶送水。

九、善后工作

1. 填写"大堂清洁维护记录表"。
2. 工具清洁干净，归置到位。

任务评价

大堂的清洁保养评价表

第_____组　　组长

评价内容	分值/分	自我评价	小组评价
准备工作	10		
推尘工作	10		
清理烟灰缸	10		
整理座位	15		
除尘工作	10		
护绿保洁	10		
清洗地毯	15		
对客服务	10		
善后工作	10		

知识链接

公共区域清洁保养工作的特点

1. 管辖范围广，对饭店声誉影响大

公共区域清洁保养的范围涉及饭店的每一个角落，并且几乎都是人流交汇、活动频繁的地方，所以这些地方的清洁卫生状况如何会给客人留下深刻的印象。

2. 工作繁杂琐碎，不易控制

公共区的清洁卫生，既繁杂琐碎又没有固定的工作时间。部分区域，如部门办公室、前厅、游泳池等地方，清扫的工作量还受客流量的影响，加上管理面积宽，服务人员分散在饭店的各个方面，既有白天上班的，也有深夜上班的，所以清洁卫生的质量不易控制。这就要求每个服务人员充分发挥自己的主观能动性，管理人员加强巡视和督促，才能保证公共区域卫生的质量。

3. 劳动条件差，易被人轻视

公共区域清洁卫生工作比较繁重，劳动条件比较差，易被人轻视。因此，不少服务员不愿意干。饭店公共区域卫生的这一特点，要求管理人员，包括高层领导，要正确理解下属的心理，既要加强管理，教育服务人员提高认识，热爱本职工作，又要关心爱护他们，改善工作条件，共同做好公共区域的清洁保养工作。

公共区域清洁保养的业务范围

1. 负责各部门办公室、大厅及门前、花园、公共通道、电梯及饭店周围的清洁卫生。
2. 负责饭店所有公共洗手间的清洁卫生。
3. 负责饭店所有下水道、排水、排污等管道系统及沟渠、河井、化粪池的清疏工作。
4. 负责饭店防疫、喷杀"四害"的工作。

公共区域的业务范围，是根据饭店的档次和习惯而定的。例如，有的饭店是将公共区域卫生分别划归餐厅、前厅、工程、和客房部管理，有的饭店则是由客房部和工程部共同负责。

技能训练

学生分组，进行大堂清洁保养的模拟训练。

任务2 客用卫生间清洁

任务目标

1. 掌握客用卫生间清洁保养的程序。
2. 能熟练进行客用卫生间清洁保养工作。
3. 能按活动要求填写评价表。
4. 能主动学习，善于与他人合作，熟练掌握操作技能。

课时安排

2课时

任务描述

王先生出差住在北方某二星级饭店。早上起床发现卫生间地面有积水，便叫服务员来清扫。自己因急于方便，便下楼到大堂公共卫生间。推开卫生间的门，一股难闻的异味扑鼻而来，差一点作呕起来。他憋住气勉强使用了卫生间，然后去找服务员提意见。谁知服务员回答说："卫生间总会有臭味的，怎么能弄清爽！再说，也不能拿五星饭店的标准来衡量我们二星饭店。"王先生以后再也没有住过这家饭店。

任务分析

饭店业内有这样一句话："客用卫生间是饭店的名片"。可见客用卫生间清洁保养工作质量的好坏，直接影响到饭店的声誉。饭店客用卫生间的清洁保养工作可分为一般性清洁保养和全面彻底的清洁保养。

任务实施

根据班级人数，将学生分为4~6人一组。以小组为单位认真阅读任务描述，获取信息，进行分析，能熟练完成客用卫生间的清洁保养工作。

一、客用卫生间服务员的职责

现代化饭店客用卫生间的设备和用品都十分讲究，给人以华丽的感觉，而且更注重清洁质量，使客人有清新感受。

1. 负责客用卫生间的清洁消毒工作，保证客用卫生间干净无异味。
2. 补充和更换客用卫生间鲜花、肥皂、小方巾、卫生卷纸和其他卫生用品，清洁工具要放到客人看不到的地方。
3. 擦拭客用卫生间的不锈钢器具，使其光亮、无锈迹、无皂迹和水迹。
4. 定时喷洒空气清新剂，使客用卫生间保持清香。

二、客用卫生间的清洁

（一）准备工作

1. 整理仪容仪表。
2. 准备工具：清洁篮、垃圾钳、吸水机、各类清洁布、告示牌。
3. 准备清洁剂：玻璃清洁剂、不锈钢擦亮剂。

4. 检查清洁用具用品是否在正常使用期限内。

（二）清除垃圾

1. 轻声推门进入洗手间，清除垃圾需敲门确认厕位无人。

2. 先清理无人的厕位，其余等客人使用完再清理，以免遗漏。

（三）消毒用品

1. 将清洁剂倒入水槽中，用清洁毛球将清洁剂均匀地涂在坐厕及尿槽周围。

2. 用马桶刷清洁马桶，用经消毒剂浸泡过的抹布擦拭马桶座位、外壁、水箱，再洗净、抹干，同样刷洗地面。将坐厕、尿槽中的污迹洗洁干净。

3. 如有水锈迹，可加少许酸性清洁剂进行清洁，用清水将清洁剂清洗干净。

4. 用消过毒的干毛巾将水迹抹干，再用消毒水将坐厕、尿槽进行消毒。

（四）擦净用具

1. 用玻璃清洁剂将镜面擦拭发亮。

2. 对水龙头进行擦拭，直至光亮如新。

3. 对台面进行整理与擦拭，无水渍。

（五）补充卫生用品

1. 卫生间香水、香皂、餐巾纸、小方巾、鲜花等摆放整齐，并及时补充更换。

2. 检查卫生间内花卉生长情况，确保鲜花无凋谢、树叶无枯萎。

（六）拖干卫生间地面

1. 有水地面，须用吸水机先将水吸去。

2. 放置指示牌。

（七）检查皂液和烘手器

1. 检查皂液器、自动烘手器等设备是否可以正常运行，状态是否完好。

2. 添加皂液器内的皂液，以保证能正常使用。

（八）服务客人

1. 主动向客人问好。

2. 用礼貌的语言询问客人的要求。

3. 为客人拉门、递送小毛巾。

4. 如客人需要送上衣刷或梳子等。

（九）善后收尾工作

1. 与客人道别。

2. 填写"公共卫生间清洁维护记录表"。

3. 工具清洁干净，归置到位。

任务评价

客用卫生间清洁评价表

第_____组　　组长

评价内容	分值/分	自我评价	小组评价
准备工作	10		
清除垃圾	15		
消毒用品	20		
擦净用具	20		
补充卫生用品	10		
拖干卫生间地面	10		
检查皂液和烘手器	5		
服务客人	5		
善后收尾工作	5		

同步案例

卫生间的"全方位"服务

彭先生和朋友在一家五星级饭店的酒吧吃了一些点心，喝了几瓶饮料。期间去卫生间，刚走到卫生间门口，"您好，先生！"彭先生被吓了一跳，一位穿着得体的卫生间服务生和他打招呼。当他从小隔间出来时，服务生马上把洗手液喷到他手上，给他打开水龙头。就在彭先生洗手的瞬间，服务生已转身到了他的身后，一阵敲背拿捏。彭先生知道他不得不给点小费。你可以不洗手而省10元钱，但如果你想洗手，就不得不经过服务生这个环节，而经过这些服务，你不给小费的话，心里多少有点过意不去。

案例点评

时下，在一些高星级饭店的客用卫生间内，经常站着服务员，会为你提供"全方位"的服务。梳头、锤肩、递毛巾、掸衣服、擦皮鞋，简直把客人当一位伤残人士一样来服务，而在洗手盆边的托盘上放着一些10元、20元、50元的人民币，也有后面尾缀着无数个零的外币，似乎是有意无意地暗示你要出手大方，提醒你要为热情如火的服务付出代价。其实，顾客上卫生间是一件非常私人的事，那种热情过度的服务实在是让太多的人感觉到"干扰"的力量，而恨不得尽早逃出为快。现代饭店都在围绕服务设置程序，但是再好的程序如果没有服务的灵魂，也不能算是好服务。试想一下，一位客人正想上卫生间，一名服务员走上前，热情地又递毛巾又送茶水；另一名察言观色的服务员感觉客人有所不悦，马上上前询问客人有何需要，并引领客人走进洗手间。试问哪个服务更好？"零干扰服务"是对服务的一种正确把握，它既给客人创造了和谐、宽松、舒心的环境，又不失热情服务，是对服务技巧的更高要求，是"用嘴服务"到"用心服务"的转变。

技能训练

学生分组，进行客用卫生间清洁的模拟训练。

图书在版编目（CIP）数据

前厅与客房服务 / 李红, 衣淑珍主编. -- 北京：中国书籍出版社, 2017.10

ISBN 978-7-5068-6564-7

Ⅰ.①前… Ⅱ.①李… ②衣… Ⅲ.①饭店-商业服务②饭店-商业管理 Ⅳ.①F719.2

中国版本图书馆 CIP 数据核字(2017)第 258212 号

前厅与客房服务

李红　衣淑珍　主编

责任编辑	丁　丽
责任印制	孙马飞　马　芝
封面设计	管佩霖
出版发行	中国书籍出版社
地　　址	北京市丰台区三路居路 97 号（邮编：100073）
电　　话	（010）52257143（总编室）　（010）52257153（发行部）
电子邮箱	eo@chinabp.com.cn
经　　销	全国新华书店
印　　刷	青岛金玉佳印刷有限公司
开　　本	787 mm × 1092 mm　1 / 16
字　　数	194 千字
印　　张	10.25
版　　次	2018 年 1 月第 1 版　2018 年 1 月第 1 次印刷
书　　号	ISBN 978-7-5068-6564-7
定　　价	28.00 元

版权所有　翻印必究